面向"十三五"高等职业教育精品规划教材·轨道交通类

城市轨道交通供电规程与规则

尚俊霞　袁　博　主编

北京理工大学出版社
BEIJING INSTITUTE OF TECHNOLOGY PRESS

版权专有　侵权必究

图书在版编目（CIP）数据

城市轨道交通供电规程与规则 / 尚俊霞，袁博主编. -- 北京：北京理工大学出版社，2016.11（2023.12 重印）
ISBN 978-7-5682-3445-0

Ⅰ. ①城… Ⅱ. ①尚… ②袁… Ⅲ. ①城市铁路-供电系统-技术操作规程 Ⅳ. ①U239.5-65

中国版本图书馆 CIP 数据核字（2016）第 299547 号

责任编辑：封　雪　　　文案编辑：封　雪
责任校对：孟祥敬　　　责任印制：李志强

出版发行 /	北京理工大学出版社有限责任公司
社　　址 /	北京市丰台区四合庄路 6 号
邮　　编 /	100070
电　　话 /	（010）68914026（教材售后服务热线）
	（010）68944437（课件资源服务热线）
网　　址 /	http://www.bitpress.com.cn
版 印 次 /	2023 年 12 月第 1 版第 3 次印刷
印　　刷 /	廊坊市印艺阁数字科技有限公司
开　　本 /	787 mm×1092 mm　1/16
印　　张 /	10.5
字　　数 /	240 千字
定　　价 /	33.00 元

图书出现印装质量问题，请拨打售后服务热线，负责调换

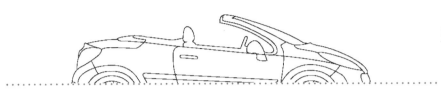 

前言

《城市轨道交通供电规程与规则》是根据"城市轨道交通供电规程与规则"课程教学大纲的要求编写的。

"城市轨道交通供电规程与规则"是城市轨道供电专业的一门主干专业课,主要讲授牵引供电系统接触网和牵引变电所的安全工作规程和运行检修规程,使学生熟悉供变电现场工作制度,确保岗位工作的安全性和检修工作的标准化。本书系统地介绍了牵引供电系统接触网和牵引变电所的安全工作规程和运行检修规程,同时对供电事故处理规程与规则做了介绍。书中分析了各类典型事故的案例,通过对案例的分析,使读者对供电系统规章制度、现场事故的发生以及处理方式有更深的认识。本教材立足于培养应用型人才,书中的各类工作表格均以现场工作的表格为参考。在一线工作的读者,可从中获得有益的经验和启发。内容的编写以牵引变电所值班人员和接触网工作人员的日常工作标准为出发点,紧扣职业标准,力求使读者掌握必备的安全规程与检修规程的基本知识。

本书由西安铁路职业技术学院尚俊霞、袁博主编。项目一、项目五由袁博主编,项目二、项目三、项目四由尚俊霞主编。

由于编者水平有限,书中有不妥之处望读者提供宝贵意见。

编 者
2016 年 4 月

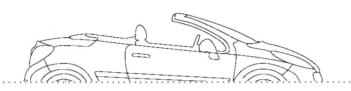

目 录
CONTENTS

项目一　电力调度管理 ·· 1
　　课题一　总则 ·· 1
　　课题二　供电设备运行检修管理 ··· 8
　　课题三　倒闸操作管理 ·· 14
　　课题四　故障应急抢修处理 ·· 18
　　思考题 ··· 24

项目二　城市轨道交通供电系统安全规程 ·· 25
　　课题一　高压供电安全规程 ·· 25
　　课题二　接触网安全工作规程 ·· 43
　　思考题 ··· 55

项目三　高压供电设备运行检修规程 ·· 56
　　课题一　运行检修管理规定 ·· 56
　　课题二　变电设备的运行巡视规程 ·· 60
　　课题三　变电设备的维护检修规程 ·· 66
　　课题四　试验 ·· 83
　　思考题 ··· 117

项目四　接触网运行检修规程 ·· 118
　　课题一　运行管理规定 ·· 118
　　课题二　接触网运行巡视规程 ·· 119
　　课题三　接触网检修规程 ··· 125
　　思考题 ··· 146

项目五　事故处理规程和管理 ·· 147
　　课题一　供电事故处理规程与规则 ·· 147
　　课题二　变电事故案例 ·· 149
　　课题三　接触网事故案例 ··· 154
　　思考题 ··· 158

项目一

电力调度管理

学习目的与要求

1. 了解电力调度职责及值班制度;学会使用各种电力调度接口和调度命令。
2. 了解供电设备运行及管理规定;掌握供电施工检修流程图。
3. 了解倒闸操作规定;学会各种倒闸操作方式。
4. 了解应急处理原则;熟悉故障处理流程。

课题一 总则

一、电调

1. 电调职责

"电力系统调度管理的任务是领导系统的运行和操作",电调为"系统运行和操作指挥员",其职责如下:

(1) 负责供电系统运行管理、设备监控、检修施工组织及应急处理。

(2) 认真贯彻执行有关规章、制度、命令和上级指示,执行供电协议有关条文,负责与供电公司供电范围内的有关工作协调与联系。

(3) 执行供电系统运行方式,监控供电系统运行及设备状态,保证所管辖范围内供电系统安全运行和连续供电。

(4) 审核影响供电系统运行的施工作业临修计划,组织接触网停/送电、挂拆地线及变电所设备检修维修施工作业。

(5) 负责供电系统事故、突发事件、故障的情况下,执行应急处理方案,组织指挥供电相关岗位参与应急处理,调整供电系统降级运行,尽快恢复正常供电。

2. 电调工作指挥层级

在当班值班调度长的领导下,电调与各专业调度互相配合实现电力系统稳定、安全地运行,确保运营符合要求。电调工作指挥层级架构如图1-1所示。

3. 值班制度

电调在值班期间是城市轨道交通供电系统调度、运行、操作和事故处理的指挥者,要树立安全第一的思想,指挥人员进行协调工作,使系统安全、经济地运行。值班期间要求如下:

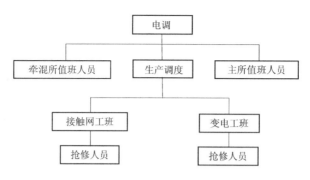

图1-1 电调工作指挥层级架构

（1）电调值班期间要严肃认真、集中精神，密切监视系统运行情况，做好事故预想，迅速、正确地处理事故，保障连续供电。

（2）严格执行各种规章制度，贯彻上级指示，遵守保密和汇报制度。

（3）全面掌握系统运行情况，审核及执行施工计划、工作票，并根据系统情况决定运行方式，处理系统设备的异常和事故。

（4）负责向上级汇报系统运行情况及存在的问题。

（5）记录系统运行日志，填写运行日报表。

二、电调日常工作

电调的日常工作有以下几个方面：

（1）交接班制度。

（2）电调职责分工。

当供电系统有操作任务时，必须做到一人操作，另一人监护。其职责分工如下：

①电调1：倒闸操作、施工组织、发布倒闸及施工作业命令、故障处理。

②电调2：监视供电设备运行情况、监护电调1的倒闸操作、填写值班运行日志、填写事件、故障记录、倒闸操作及施工组织监护、故障信息通报及组织抢修。

（3）电压调整及设备状态检查。

①监控调整35 kV母线电压，使电压符合供电标准。

②根据运行情况关注直流1 500 V电压变化及电流变化情况，及时做出调整，当电压低于1 200 V时，通知行调调整供电分区运行电客车列数。

③通过调度台SCADA系统查看电力设备状态情况，并做好记录。

（4）审核工作票。

①审核工作票时对照SCADA界面逐项检查，如发现疑问或对设备运行状态不清楚时与工班专业人员联系，共同核实设备的运行状态、名称，确保正确性。

②严格对照"施工行车通告"临修计划要求的施工区域、时间、内容及供电安排，工作票中相关内容必须与之相符。

（5）审核检修计划。

①电调管辖范围内，所有设备停电、停运并要装设地线等安全装置的施工，必须在得到电调的批准后再进行。

②批准安排检修的项目计划，若影响供电系统安全运行或操作较复杂，应与供电车间人员在检修前制定检修方案后执行。

③电调在审批检修施工时，应将所有的停电申请进行综合安排，审查作业内容和安全措施，需确定施工作业安全可行。

(6) 倒闸操作及施工：严格按照"维修施工组织管理规定"执行。

(7) 停/送电检查：确认施工是否结束，线路是否具备停/送条件，值班调度长/行调/环调是否签字许可，严格按照电调工作接口执行。

(8) 运营监控。

①110 kV、335 kV、1 500 V、400 V 电压，电流，开关状态等。

②严格按照调度管辖设备做好监控。

三、调度管辖设备及调度台操作管理

1. 调度管辖设备划分

(1) 主变电站：110 kV 受电线路、线路电动隔离开关、线路接地隔离刀闸为供电局调度管辖。110 kV 进线开关、35 kV 母联开关为电调许可、电调管辖设备。主变压器及 110 kV 母线隔离开关、所用变压器、110 kV GIS、35 kV 设备、接地电阻等均为电调管辖。

(2) 牵引混合变电所：35 kV 线路、35 kV 设备、整流机组、动力变压器、DC 1 500 V 直流出线、直流正负母线、回流母线、直流开关、400 V 进线开关、400 V 母联开关、三类负荷总开关、400 V 母线为电调管辖，400 V 其他主开关及抽屉开关为电调许可设备。

(3) 降压变电所：35 kV 线路、35 kV 设备、动力变压器、400 V 进线开关、400 V 母联开关、三类负荷总开关、400 V 母线为电调管辖设备，400 V 其他主开关及抽屉开关为电调许可设备。

(4) 跟随式降压变电所：动力变压器、400 V 进线开关、400 V 母联开关、400 V 母线为电调管辖设备，400 V 其他主开关及抽屉开关为电调许可设备。

(5) 接触网：正线接触网及其隔离开关为电调管辖。

(6) 保护控制设备：电调管辖一次设备的二次控制设备、交直流屏、中央信号屏、控制盘、保护盘、蓄电池、轨电位柜、排流柜。

2. 调度台设备及其操作管理

1) SCADA 工作站

(1) SCADA 工作站简介。

SCADA 是电调实行中央级控制的基础，是电力系统的调度指挥中心，是确保供电系统的运行监控、维护及事故分析、事故抢修的基础。

SCADA 故障时，电调应及时通知有人值班的变电所改为所级控制，并通知生产调度安排人员到受影响的变电所值班。SCADA 恢复正常工作时，应及时通知变电所值班人员改为中央级控制。

SCADA 应能保证遥控、遥信、遥测、遥调功能正常，调度端各项显示良好、准确。

①遥控：远程控制，改变设备运行状态的控制，包括开关分/合、自动装置投入/撤除、

保护定值切换等操作。

②遥测：远程测量，采集并传送运行参数，包括有功、无功、电流、电压等。

③遥调：远程调节，接收并执行遥调命令，调节输出功率，例如变压器的挡位调整等。

④遥信：远程信号，采集并传送各种保护和开关等信息，例如告警状态或者开关位置等。

电调通过SCADA进行中央级操作时，应选择对应的遥控内容并确认正确无误后，方可进行倒闸操作。在SCADA倒闸过程中，若发生故障或复发确认设备状态时，应立即通知供电车间生产调度，经检修专业人员找出原因消除故障后方可继续进行操作。

(2) SCADA工作状态的监视。

①正常运行状态的监视：对各被控站进行实时数据采集，并通过LCD和模拟屏对各被控站供电设备运行状态进行实时监视。遥控开关状态的显示颜色：合闸为红色，分闸为绿色，开关本体故障为黄色，通信中断为蓝色。

②异常运行状态的监视：对牵引供电系统及供电设备非正常状态下信息内容的监视。

(3) 报警信息处理。

SCADA系统对异常运行状态提供报警提示功能，报警提示包括画面显示、文本信息和音响报警，并提供警报确认、打印、分类、归档、存储等管理手段。

SCADA报警条件：

——供电系统设备故障。

——调度系统设备故障。

——变电所自动化设备故障。

——通道。

——报警处理。

——产生可视信号及音响提示。

——在LCD及模拟屏上显示警报信息。

——修改相关的显示画面。

——实时打印相关信息。

——提供操作人员确认手段。

——自动输入新的报警至相关记录。

(4) 系统功能。

①数据采集和处理、控制和调节、事故追忆、报警处理、历史数据处理、报表管理、趋势记录、拓扑着色、人机联系、模拟盘控制及系统时钟同步等。

②只有具有操作权限的用户才能对系统进行控制操作。

③操作人员所做的一切操作内容均记录在系统数据库的操作日志中（包括操作人员用户名、操作时间、控制对象、操作内容、操作结果等）。

(5) SCADA设备的操作要求。

使用SCADA工作站操作时必须遵守一人操作一人监护制度，电调1负责操作，电调2负责监护，严禁在无人监护的情况下进行远动操作。

2）通信设备

通信设备是与各变电所控制室直接联系的调度电话。

3）CCTV 监控设备

电调通过终端工作站实现对各变电所设备的运行监控，CCTV 监控设备为电调提供供电系统 400 V 母排以上的设备运行情况，为供电系统运行、操作及故障处理等提供帮助。

四、调度命令

1. 操作要求

（1）电调发布命令应准确、清晰，使用正规操作术语，发令前应互相报姓名，使用录音电话。

（2）为保证调度操作的正确性，发布的操作命令必须使用双重名称和执行复诵制度。电调在确认受令人复诵的内容正确无误后，方可给予命令编号和批准时间。

（3）由电调管辖的供电设备的状态变更，必须有电调的命令方可执行。

（4）正常的设备检修由电调根据检修内容写倒闸操作票和变电所倒闸操作命令，发令给变电所值班人员确认后执行。

（5）电调对一个变电所一次只能下达一个倒闸操作命令。

（6）电调发布停电倒闸命令后，在得到操作人员回报确认相关设备确已停电后方可再发布停电作用命令。电调在发布停电作业命令时，受令人认真复诵，经确认无误后，方可给予命令编号和批准时间。发令人和受令人同时填写作业命令记录。

2. 调度命令发布

1）发布口头命令的内容

（1）供电设备的单一操作。

（2）母联开关状态切除/投入。

（3）400 V 抽屉式开关检修。

（4）故障抢修。

（5）其他。

2）发布口头命令的格式

（1）变电所内：发令时间、受令处所、命令内容、发令人（调度代码）、受令人（×××），受令人复诵之后，电调给予批准时间。

（2）接触网：发令时间、命令内容、发令人（调度代码）、受令人（×××）、受令人复诵之后，电调给予批准时间。

3）发布书面命令的内容

（1）倒闸操作步骤。

（2）施工作业命令。

（3）电调认为有必要记录的命令。

3. 调度命令号码

（1）变电所倒闸命令 401～499。

（2）接触网倒闸命令 501～599。

（3）工作票作业命令 601～699。

五、电调接口管理

1. 内部接口

1）电调与值班调度长的接口

（1）当发生事故和突发事件时，由值班调度长指挥各调度员的工作，电调负责了解相关设备受影响的情况，并提供事故、事件和救灾及配合处理方案，经值班调度长确认后执行。

（2）电调负责供电配合处理方案，并负责组织相关专业技术人员对故障进行处理或抢修，设法了解处理事件，并适时汇报处理进展情况。

（3）牵引降压混合变电所跳闸或故障后，不能以正常方式供电时，电调提供越区供电方案，经值班调度长同意后，实行越区供电。

（4）供电设备维修施工中的施工日计划、临时计划需供电设备停电、停用影响到运营或需要进入线路的，需与值班调度长共同审批。

（5）电调定时统计牵引、动力照明和总用电量数值，供值班调度长填写运营日报。

2）电调与行调的接口

（1）行调与值班调度长共同确认准备停/送电的接触网供电分区停/送电条件后，由行调通知电调可以停/送电。

（2）电调核实停/送电条件的确符合要求后，进行停/送电操作。

（3）电调操作完成并确认按要求停/送电后，通知行调和值班调度长。

（4）事故抢修时，行调口头通知电调立即停电；当发生危及设备安全或人身安全的供电故障时，电调告知行调后即可自行停电，事后补填"停/送电通知单"。

（5）接触网需要停/送电时，行调需通知有关车站/车场，通知的主要内容有：停/送电区域、停/送电时间、电调和行调的工作代号。

（6）变电所跳闸或发生故障。

电调接报变电所跳闸或发生故障时，应立即通知行调，行调在综合日志上做记录，并协同车站/司机查找跳闸原因，并把信息及时反馈给电调。

（7）大双边供电或越区供电。

牵引降压混合变电所跳闸或故障后，不能以正常方式供电时，电调提供大双边供电或越区供电方案，经值班调度长同意后，实行越区供电，行调做好该区段行车间隔调整。

（8）挂/拆接地线、线路上进行倒闸作业。

①行调与值班调度长共同确认符合挂拆地线条件，由行调通知电调可以挂/拆接地线，电调核实挂/拆接地线条件，确认符合接电线操作后，通知现场人员可以操作挂/拆接地线。

②现场人员完成挂/拆接地线操作后，通知电调，电调确认后，通知行调和值班调度长挂/拆接地线已完成。

③遇现场人员拆地线完毕后还需要到线路上进行倒闸的情况，电调应使用电话报行调，在征得行调同意后方可指示现场人员下线路作业。

3）电调与环调的接口

（1）变电所的停/送电操作。

变电所停/送电若影响环控设备的运行，停电前由电调用调度电话通知环调，环调确认相关环空设备停止运行后，通过调度电话通知电调具备停电条件，电调在接到环调通知后方可进行停电操作。

任何情况下电调需要恢复车站变电所开关供电时，电调必须通知环调，在环调确认可以送电后方可操作，电调送电后应通知环调。

（2）400 V开关故障跳闸导致低压设备失电或环控、机电系统低压设备故障导致400 V开关跳闸。

400 V开关故障跳闸导致低压设备失电，电调需要恢复开关供电时，必须先通过调度电话通知环调，在环调确认可以送电后方可操作，送电后电调应通过工作调度电话通知环调。

环控、机电系统低压设备故障导致400 V一类、二类或三类开关跳闸，电调在得到环调故障修复的通知后方可送电。

（3）紧急事故状态400 V开关停电。

紧急事故状态下，400 V低压开关需停电时，电调可以先操作事后再通知环调，并且双方做好记录；电调在事故停电后必须立即通知环调，环调根据停电情况确定环控运行模式。

4）电调与设调的接口

电调管辖范围内的设备发生故障时，电调应立即向设调通报故障情况；设调接到电调故障报告后，及时向电调提供相应的故障记录号码及故障接报时间，电调在运行日记上应做好记录；设调接到电调故障报告后负责向相关部门的生产调度通报故障情况；紧急情况下设调通知相关专业的生产调度直接与OCC电调联系；设调负责跟踪所有故障的处理情况并把处理结果反馈给电调。

5）电调与场调的接口

停/送电施工作业：

（1）场调确认准备停/送电的接触网供电分区符合停/送电条件后，由场调通知电调可以停/送电。

（2）电调核实停/送电条件的确符合要求后，进行停/送电操作。

（3）电调操作完成并确认按要求停/送电后，通知场调，通知的主要内容有：停/送电区域、停/送电时间、电调工作代号。

2．外部接口

1）电调与供电车间生产调度的接口

（1）向生产调度通报所管辖设备的故障情况，并要求其及时组织处理。

（2）跟踪设备故障处理情况。

（3）临时计划的协调。

2）电调与供电局调度的接口

（1）调度管理原则。

当地供电公司、当地供电公司用电监察或供电局调度员联系、落实主变电所110 kV电源委托停/送电手续。

接受供电局调度下发的计划停电通知，并及时通知主变电所值班人员，配合供电局做好主变电所的倒换操作。

当主变电所的供电局调度许可范围内的设备发生故障或一个主变电所供电分区内的变电

所设备运行不正常时,及时与供电局调度进行确认,进行故障判断与处理,确保主变电所安全、可靠运行。

(2)调度关系:主变电所站的设备管辖划分按管辖设备规定执行。

(3)设备运行及检修管理:由供电局管辖的变电设备的一切操作均按供电局调度的命令执行;由电调管辖的变电设备的一切操作均按照电调的命令执行。

(4)属供电局调度管辖权限内的变电设备、线路的有计划停电检修作业,由供电车间预先制定检修计划和方案,于每月×日前直接向供电局调度办理次月停电申请,电调做好记录并备案。

(5)对于临时停电检修计划,供电车间应按规定向供电局调度办理书面申请,电调做好记录并备案,电调负责与供电局进行沟通协调。

(6)对于110 kV进线开关、35 kV母联开关的检修,供电车间应提前告知供电局调度专员,具体作业内容由电调负责沟通协调。

课题二　供电设备运行检修管理

一、管理规定

(1)正常运行时,电调对各变电所进行实时监控,包括开关状态、母线电压、电流、变压器温度,并做好记录;若不能监控,供电车间需要安排人员到各变电所值班,并把值班人员名单及通信号码报电调备案。

(2)设备发生故障时,由电调负责调度指挥,根据设备故障情况及时调整系统运行方式,确保供电可靠性,并将故障原因和处理情况通报值班调度长。

(3)供电设备检修后由工作领导人做出该设备是否具备投入运行条件的确认。

(4)电调在改变系统运行方式或倒闸操作前,应充分考虑该操作对系统运行是否安全,能否保证列车牵引供电的可靠性和灵活性及各车站Ⅰ、Ⅱ类负荷的正常供电。

(5)电调根据设备的运行情况,如需投入或退出自动装置及继电保护,需供电专业同意。

(6)因设备原因如需退出电压互感器时,电调必须考虑对继电保护、自动装置的影响后方可同意。

(7)属电调管辖的供电系统设备的电保护、自动装置及设备参数的调整,在更改前应先通知电调,更改后由供电车间填写好整定变更单,一式两份,一份由供电机电中心保存,一份交给调存档。

(8)电调常用的记录、报表用完后应归类保存。

(9)供电事件/事故发生后,由当班电调将事件/事故处理经过及事后的分析总结报告进行记录,并存档。

二、运行

1. 主变压器运行

主变电所油浸式变压器出现下列情况时,电调获取相关现场信息后应立即停止该变压器运行：

(1) 变压器内部响声很大，很不均匀，有爆裂声。
(2) 漏油致使油位低于油面计上的限度，并继续下降。
(3) 油枕喷油或爆管喷油。
(4) 正常条件下，油温过高，并不断上升。
(5) 油色过深，油内出现炭质。
(6) 套管严重裂纹和放电现象。
(7) 差动保护和瓦斯保护动作。
(8) 绕组温度和铁芯温度保护动作。
(9) 变压器着火。
(10) 主变压器瓦斯保护动作后，电调应立即通知生产调度并要求值班人员到现场判断故障原因，分析故障性质。

2. 整流变压器运行

(1) 正常条件下整流变压器应在通风良好的情况下运行。
(2) 整流变压器带负荷运行符合以下规定：
①100%额定负荷——连续。
②150%额定负荷——2 h。
③300%额定负荷——1 min。
(3) 整流变压器有下列情况时应进行停电处理：
①变压器内部响声很大，很不均匀。
②变压器绕组温度和铁芯温度不正常，且不断上升。
③由于温度保护动作跳闸。
④套管上有严重破损和放电。
⑤接头严重发热。
(4) 停运的变压器投入运行前，变电所值班人员按照变压器投入运行标准，检查变压器及保护装置，并将检查情况报告现场领导人，电调应根据现场领导人汇报的具体情况决定是否送电。

3. 牵引降压混合变电所运行

(1) 正常情况下两台整流机组并联运行对直流母排供电，故障情况下可以单台运行。
(2) 若两台整流机组因故障退出运行，该牵引降压混合变电所则解列；与其相邻的两座牵引降压混合变电所，通过该故障所直流母排或合上接触网越区隔离开关，共同对退出运行的牵引降压混合变电所的供电区间的电客车进行大双边供电。

4. 降压变电所

(1) 正常运行时，两台动力变压器分列运行，向整个车站及两端相邻隧道区间的一、二、三级低压负荷供电，AC 400 V 母联开关常开。
(2) 一台动力变压器因故障退出运行时，自动切除三级负荷，AC 400 V 母联开关自动投入，由另一台动力变压器负担全所供电范围内的一、二级低压负荷。

5. 跟随式变电所

（1）跟随式降压变电所设置两台动力变压器，不再设置 AC 35 kV 开关柜，分别自本站的牵引降压混合变电所或降压变电所两段 AC 35 kV 母线引入一回路电源。

（2）AC 400 V 母线采用单母线分段接线方式。

6. 接触网

（1）接触网正常供电有双边供电和单边供电两种方式，在变电所故障退出的情况下，可采取越区供电方式维持运营。

（2）接触网额定电压为 DC 1 500 V，波动范围为：DC 1 000 ~ 1 800 V。

（3）接触网导线距轨面的标准距离：隧道内为 4 040 mm；隧道口至车辆段接触线悬挂点逐渐抬升到距轨面高度 5 000 mm。

（4）车辆段牵引降压混合变电所解列时，电调需通知生产调度安排接触网专业人员到现场合上单向导通装置后，再合上正线与车辆段的接触网联络开关，由正线牵引降压混合变电所向车辆段越区供电。

7. 电力系统自动装置

（1）对电调管辖范围内的继电保护和自动装置的一切操作（投入、撤除、试验或改变整定值等）均需电调的批准。

（2）供电设备主保护停用时，必须有后备保护代替。

（3）属供电局调度管辖的 110 kV 线路继电保护装置，由供电局确定配置原则和选择整定值。

三、继电保护定值调整原则

（1）定值由小变大，应先调整定值，再改变运行方式。

（2）定值由大变小，应先改变运行方式，再调整定值。

（3）凡新投入或原运行中的保护定值的更改由供电机电中心专业主管工程师及以上签发整定值通知单报给电调后执行。

（4）临时性的紧急更改整定值，供电机电中心专业工程师或供电事故（故障）处理负责人可电话口头通知电调后执行，但事后应补发正式整定通知单报电调。

（5）电调接到整定通知单后即向变电所发布更改定值许可命令，并在调度日志上记录。

（6）继电保护装置动作和熔断器跳闸时，电调应根据断路器保护、自动装置动作情况以及列车运行情况等进行综合分析，判断故障原因，及时通知有关人员进行处理。如属保护误动作，应尽可能保持原有状态，并通知供电机电中心检查处理。

（7）如供电系统出现特殊运行方式，可能会引起继电保护范围、方式的变化。电调应报告供电车间生产调度，由其汇报专业工程师后决定是否修改整定值。

四、新投建设备投入运行管理

（1）供电系统内新建和扩建变电所，电调对工程设计、运行方式可以提出意见，在投入运行前，供电车间向电调拟送如下资料：

①电气设备一次接线图，包括设备铭牌、规范等。

②输电线路路径走向图或配电线路沿布图,包括线路或电缆长度、型号、载流量及主要负荷名称。

③保护装置经调试后的最后定值。

④设备启动方案,包括新设备名称、编号、投产日期、启动范围及程序、操作步骤及现场指挥人员和操作人员等。

⑤有关设备使用说明书。

⑥批准的运行人员名单及通信电话号码。

(2) 新设备投入运行前,电调应参加相关培训,有关人员需要熟悉现场设备,熟悉现场运行程序及运行方式,并进行事故预想。

(3) 严禁自行将新设备(包括批准投运,但未得到值班调度员的命令或同意)投入系统运行。

(4) 新装备投入运行前必须与调度部门明确调度范围。

(5) 凡变更设备状态,变更部门应于施工前3天送设备变更通知书给电调审批,由当值调度员下令执行。

(6) 凡新加入运行的设备,自投入运行时起即遵守调度手册的规定运行。

(7) 投运前完成电调 SCADA 对应界面的修改并调试成功。

五、供电施工检修管理

1. 检修计划

供电系统设备检修计划分为周计划和临时计划。周计划由电调按"施工行车通告"执行;临时计划由施工部分根据工作任务向设调提出申请,设调确认后报 OCC 值班调度长,经 OCC 各专业调度审批后立即反馈给设调。

凡经批准安排检修的项目计划,若影响供电系统安全运行或操作较复杂的,由供电车间专业工程师在检修前制定检修方案交电调执行。供电车间以外其他部门施工要求供电设备停电时,属电调管线范围内的需电调批准。

电调在组织维修施工作业前,应将所有的停电作业申请进行综合安排,审查作业内容和安全措施,确定施工计划中"供电安排"的停电范围正确无误。

2. 施工检修程序

有关接触网申报停电申请及施工程序如图 1-2 所示,有关变电所设备停电申请及施工程序如图 1-3 所示。

3. 施工检修组织

(1) 接触网设备停电检修等接触网专业施工,工作领导人向电调申请施工时,电调应根据已审批的工作票与工作领导人核对作业令号、工作内容、停电区段范围、工作范围、装设接地线的位置等,并确认施工区段接触网已停电后,与工作领导人在此核对安全措施是否与工作票内容一致。电调确认所有安全措施均符合接触网作业要求后,可以发布工作许可的命令,并且双方记录好许可的命令编号和时间。

(2) 接触网设备配合停电等,接触网专业配合挂地线作业,工作领导人向行调请点时,行调通知电调作业单位来请点。接触网配合人员向电调申请配合挂地线,电调应根据已审

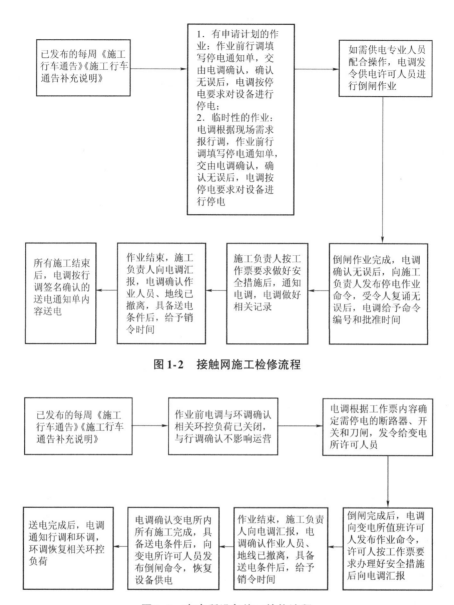

图1-2 接触网施工检修流程

图1-3 变电所设备施工检修流程

批的工作票与接触网配合人员核对作业令号、工作内容、停电区段范围、工作范围、装设接地线的位置，并确认施工区段接触网已停电，经行调批准后同意接触网配合人员按工作票要求挂地线。接触网配合人员挂好地线汇报电调挂地线完成时间，电调向接触网配合人员发布许可工作的命令，并且双方记录好许可的命令编号和时间，并通知行调接电线已按照要求完成。

（3）各变电所内设备停电检修由现场值班人员或作业人员得到电调同意后，办理作业的安全措施，完成后报电调，在得到电调许可工作的命令编号和批准时间后方可工作。

（4）任何人员不得擅自变更安全措施或检修设备的接线方式，若因检修需要必须作临时变更时，工作领导人应报电调并得到电调的同意后方可进行施工。

（5）检修工作结束后，变电所的检修由现场工作领导人向变电所值班人员办理工作终结手续，值班人员或工作领导人向电调申请销令。接触网施工由工作领导人直接向电调销令。

（6）工作结束后，施工负责人必须迅速向电调汇报如下内容：

①工作地点装设的接地线共 X 组，是否已经全部拆除。

②施工人员是否已全部撤离。

③设备线路是否有变更。

④设备是否存在缺陷。

⑤相位是否有变动。

⑥试验结构是否合格。

⑦设备、线路是否已具备送电条件。

（7）电调只在接到同一停电范围的所有作业均已结束，具备送电条件时，方可发令合闸送电。严禁约时送电，接触网送电必须先得到行调填写的"送电通知单"方可执行。

（8）经批准的工作票签发人、工作领导人名单以及有关人员的安全等级，供电机电中心报送电调备案，如有变更以书面通知为准。

（9）凡正在检修中的设备，由于系统运行需要，电调可发布调度命令，要求检修、试验人员停止工作，并尽快恢复到具备送电条件。

（10）设备存在缺陷能否继续运行，应由供电车间专业工程师决定后再报电调执行。

4. 接触网停/送电

接触网可以停电后，电调应根据施工作业安排填写"停电通知单"。经行调审批后，在"停电通知单"上填写批准停电时间、行调代码，交电调办理停电手续，电调确认接触网停电后，在"停电通知单"上填写停电完成时间、停电编号、电调代码，将"停电通知单"交给行调。停/送电流程如图 1-4 所示。

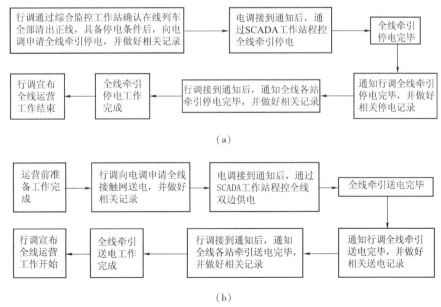

图 1-4　停/送电流程

(a) 停电流程；(b) 送电流程

运营工作开始前 30 min，行调确认送电区段符合送电条件后，填写"送电通知单"，交电调办理送电手续，电调确认接触网已送电后，在"送电通知单"上填写送电完成时间、送电编号和电调代码，将"送电通知单"交还给行调，并取回"停电通知单"。

5. 接触网挂/拆地线

（1）接触网停电后，电调根据施工作业票的要求填写"挂/拆地线通知单"中的挂地线内容，经行调审批后交电调办理挂地线手续，电调确认接触网人员挂好地线后，通知行调。

（2）电调、行调共同确认施工作业已完成后，电调填写"挂/拆地线通知单"中的拆地线内容，经行调审批后交电调办理拆地线手续，电调确认地线已拆除后，通知行调。

6. 变电所停电或施工

（1）变电所有计划的停电操作，若影响到环控设备的运行，停电前由电调通知环调。环调确认相关环控设备停止运行后通知电调具备停电条件，电调在接到环调通知后方可进行停电操作。

（2）紧急事故状态下，变电所设备需停电时，电调可以先操作事后再通知环调，并且双方做好记录。

（3）日计划供电设备的停电、停用的维修影响到环控设备运行时，需与环调共同审批。

课题三 倒闸操作管理

一、倒闸操作规定

（1）电调在决定系统倒闸操作前，应充分考虑对运行方式、电客车牵引供电、车站负荷的影响，在得到现场操作完毕的汇报后，应及时核对 SCADA 工作界面的显示状态。

（2）为保证调度操作的正确性，操作时均应执行双重名称和复诵制度。在调度联系时必须做好记录，发布命令时必须使用调度电话。

（3）属于电调管辖的供电设备状态的改变，必须得到电调的命令后方可执行。不属于电调管辖的操作，若对电调管辖的设备运行有影响，操作前应得到电调的许可或配合。

（4）正常的设备检修由电调根据检修内容编写倒闸操作票，SCADA 进行倒闸操作，再发令给变电所值班人员倒闸操作命令，确认后执行。调度命令是逐项操作指令，当值电调给值班人员发布的操作命令是具体的逐项操作步骤和内容，值班人员必须按照命令的操作步骤和内容逐项进行操作。

（5）电调在审核工作票和填写倒闸操作票时要对照控制 SCADA 工作界面逐项检查，不得主观臆断。如发现疑问或对设备运行状态不清楚时，应与现场人员联系，共同核实设备的运行状态，以保证操作正确。

（6）电调倒闸操作前应通知施工人员做好准备，严禁约时停/送电、拆/挂接地线、开工检修和竣工送电。

（7）正常的倒闸操作应避免在交接班时进行，如遇特殊情况应延迟交接班时间。如接班后半个小时内进行倒闸操作，应由上一班填写操作票，交班时与下一班共同审核后交下一班执行。

（8）受令人进行操作时，若听到电话铃响，应立即停止操作，当发生威胁人身或设备安全时，可先采取必要措施，如切断电源等，然后报告电调。迅速接听电话，问清原因后再继续操作。在操作过程中，若发现设备有异常情况或操作顺序有问题而危及人身、设备或系统安全时，应立即停止并报告电调。

（9）对于属于当地供电公司调度许可的设备，正常的倒闸操作，电调在发布操作命令之前，需先取得当地供电公司调度值班人员的许可。

（10）电调、值班人员进行倒闸工作的过程应严格遵守发令、复诵、记录、汇报等程序，要执行调度命令标准用语（见表1-1）。

表1-1 调度命令标准用语

序号	调度命令标准用语	含义
1	报数：幺、两、三、四、五、六、拐、八、九、洞	报数时，一、二、三、四、五、六、七、八、九、零的读音
2	×点×分×断路器跳闸	×点×分×断路器跳闸
3	×点×分×断路器跳闸重合闸成功	×点×分×断路器跳闸重合闸成功
4	×点×分×断路器重合闸拒动	×点×分×断路器重合闸拒动
5	×点×分×断路器×强送×次不成功	×点×分×断路器×强送×次不成功
6	×点×分×断路器×强送×次成功	×点×分×断路器×强送×次成功
7	拉上/合上××隔离开关（断路器）	将××隔离开关（或断路器）切断/接通
8	×线路（设备）现在许可开工时间为×点×分	×线路（或设备）转入检修后电调许可命令
9	现在×线路（设备）工作结束，现场工作接地线已拆除，人员已撤离，可以送电	现场检修人员在调度许可设备上工作结束后的汇报术语
10	×保护动作跳闸	继电保护动作，断路器跳闸
11	×断路器跳闸，保护未动	断路器跳闸，保护未动作
12	在×设备侧母线、断路器、线路、变压器两侧挂接地线	在×设备侧母线、断路器、线路、变压器两侧挂接地线
13	倒闸操作命令	电调对所管辖设备进行变更电气连接方式和事故处理而发布倒闸操作命令
14	变电所操作命令	电调对所管辖设备的停/送电、保护的投入和撤除、地线的悬挂（安装）和撤除
15	接触网的倒闸命令	电调对所管辖接触网设备隔离开关发布的操作命令
16	变电所作业命令	电调对所管辖变电所的设备发布的检修、实验和事故处理等作业命令
17	接触网作业命令	电调对管辖接触网设备发布的检修、实验和事故处理等作业命令
18	合上	把断路器或隔离开关放在接通位置
19	分开	把断路器或隔离开关放在切断位置
20	拉出（摇出）	把断路器拉出（摇出）到实验位（隔离位）

(11) 防止错、漏停/送电的组织措施：

①电调1倒闸操作前，电调2宣读倒闸操作票。

②倒闸操作时，严格执行双人确认制度，一人操作一人监护，电调1操作、电调2监护。

③倒闸操作时，断路器和电动隔离开关，再合与之相对应的断路器，逐项进行操作，禁止全部操作完断路器后再操作隔离开关或操作完隔离开关后再操作断路器。

④操作完成后，严格执行双人确认制度，通过SCADA工作站对所停/送电区域断路器和电动隔离开关状态进行逐一核对，确保无遗漏。

二、断路器操作

(1) 电调操作前应确认断路器性能良好。

(2) 断路器合闸前，电调应确认继电保护已按规定投入，断路器分/合闸后，应确认三相均已接通或断开。当设备状态不清时，通知供电车间生产调度安排专业人员到现场确认断路器位置。

(3) 当电动操作拒动时，可以采用机械按钮或紧急手柄进行分闸操作。

(4) 电动操作断路器的操作电源，在断路器检修时必须断开。

(5) 停电操作顺序：先分断路器，后分隔离开关，先断负荷侧，后断电源侧；送电操作顺序：先合隔离开关，后合断路器，先合电源侧隔离开关，后合负荷侧隔离开关。

三、隔离开关操作

(1) 隔离开关在合上或拉开前，必须检查和它相对应的断路器已在断开位置。设备停电时，先切开断路器，再分开线路隔离开关，最后拉母线隔离开关。复位时，先合母线隔离开关，再合线路隔离开关，最后合断路器。严防带负荷拉隔离开关。

(2) 运行值班人员在隔离开关操作前及操作后，都应检查各相刀片的实际开闭位置。

(3) 合上隔离开关必须迅速、准确地一次开闭到底，中途不得停留或发生冲击。

(4) 除允许使用隔离开关进行下列操作外，严禁用隔离开关切断或合上带负荷的线路及设备：

①拉合电压互感器和避雷器。

②拉合空载母线。

③拉合不超过10 km长的空载线路。

(5) 属于电调管辖的接触网隔离开关，由电调下发倒闸操作命令。

四、母线操作

(1) 用断路器向母线充电时，应使断路器继电保护处于良好状态。迫不得已用隔离开关向母线充电时，必须检查确认母线绝缘正常。

(2) 用断路器向母线充电前，应将空母线上只能用隔离开关充电的附属设备（如互压、避雷器等）现行投入。

五、线路操作

(1) 接触网线路检修后，送电前，除有特殊规定外，一般不予以测量绝缘。

（2）停用中的电缆超过一个星期但不满一个月时，在重新投入运行前应用摇表测量绝缘电阻。如有疑问，需要进行直流高压试验，检查绝缘是否良好；停电超过一个月但不满一年时，停电时顺序相反。

（3）对环网线路送电时，一般先合上送电端断路器，再合上受电端断路器，停电时顺序相反。

（4）线路送电时，断路器必须具备完善的继电保护。

六、变压器操作

（1）变压器并列操作条件。
①接线组别相同。
②变比相同。
③短路电压相等。

（2）变压器的倒换操作，应检查并入的变压器确实带上负荷后，才允许操作要停用的变压器。

（3）变压器投运时，一般先对电源侧充电后再合上负荷侧断路器。停电时，应先切开负荷侧断路器，后切开电源侧断路器。

（4）新投产或大修后的变压器投入运行时，对可能造成相位变动者应先进行核相。

（5）车站动力变压器不允许并联运行。

（6）更改变压器（非有载调压）的运行分接头必须停电进行，并在测量三相直流电阻合格后方可将变压器投入。

七、设备电压调整

（1）供电系统110 kV进线电压波动必须在正负绝对值之和小于额定电压值的10%范围内。非正常情况下，电压允许偏差±10%，若超出上述范围内的电压变化时，必须及时通知供电局调度采取措施。在任何运行方式下，35 kV系统各节点的电压降不应大于额定值的5%。

（2）电调负载监控系统主变电所110 kV、35 kV母线电压值，当上述母线电压超出允许偏差范围时，电调应采取措施，使系统电压恢复正常。

（3）供电系统电压调整方法：
①110 kV电压调整需向供电局申请。
②主变电所变压器35 kV有载调压。
③牵引混合降压变电所、降压所变压器无载调压。
④电调优先采用有载调压进行电压调整。

（4）无载分接变压器：当分接头变换时，应先停电，后进行操作。

（5）有载调压变压器要求：
①有载分接开关投入前，应检查油枕位正常，无渗漏油，控制箱防潮良好，手动操作一个（升降）循环，挡位指示与计数器动作应正确，极限位置的闭锁应可靠，手动与电动控制的联锁亦应可靠。
②有载分接开关的电动控制应正确无误，电压可靠，各接线端子接触良好，驱动电气转动正常，转向正确。

③有载分接开关的电动控制回路应设置电流闭锁装置，其电流整定值为主变压器额定电流的 1.2 倍，电流继电器返回系数应大于或等于 0.9。当采用自动调压时，主控制盘上必须有动作计数器。

④新装或大修后有载分接开关，应在变压器空载运行时，在电动操作按钮及手动操作按钮试操作一个循环。

⑤电调根据电压变化情况及时做出调整，每次操作应认真检查电压、电流变化情况，并做好记录。

⑥值班人员进行分接开关操作时，在操作前后注意检查瓦斯保护是否动作，当瓦斯保护动作时应停止操作，分析原因、进行处理。

⑦有载分接开关操作可用自动和非自动进行，当非自动操作完毕后，必须打回自动位，以防止电压波幅过大。每次手动调节抽头后必须暂停至少 5 min，而且检查没有报警等异常情况后才可以进行下一次调节，严禁连续地调节抽头。

（6）牵引所、降压所器无载调压由供电机中心提出计划报电调批准后执行停电。

八、系统运行方式转换

（1）当主变电站内的一台主变压器故障时，切除该故障变压器及主变电站供电区域内的三级负荷，合上该主变电站 35 kV 母联断路器，由另一台主变压器承担该主变电站供电区域内的一、二级负荷供电，可根据当时的负荷情况恢复车站三类负荷的供电。

（2）当主变电站的一路 110 kV 进线电缆故障时，切除该故障电缆，同时合上 35 kV 母线分段开关断路器。由主变电站的一路 110 kV 进线电缆带一台主变压器运行，一台主变压器承担该主变电站供电区域内的一、二级负荷供电，可根据当时的负荷情况恢复车站三类负荷的供电。

（3）当某个主变电站内的两台主变压器均故障需要退出运行时，电调应通过附近变电所的 35 kV 环网开关恢复该故障主变电站供电区域内的负荷供电，同时电调应密切监控供电主变电站负荷情况，必要时退出部分三类负荷供电。

（4）降压变电所或牵引降压混合变电所一条 35 kV 进线电缆故障时，切除该故障电缆，合上该降压变电所或牵引降压混合变电所的 35 kV 母联分段开关断路器，恢复供电。

课题四 故障应急抢修处理

一、应急处理原则

（1）防止事故的扩大，消除事故的根源，迅速解除对人身和设备安全的威胁。

（2）缩短停电时间，改变供电运行方式，保持接触网和各车站正常供电和设备的持续运行。

（3）尽快恢复供电系统的正常运行方式。

二、系统发生故障时的处理措施

（1）电调应根据继电保护、自动装置的动作情况，判断事故的性质和原因，迅速、正确地进行调度指挥。

（2）在事故处理时应镇定、沉着并认知执行复诵、监护制度和使用统一调度术语。调度命令及汇报内容应简明扼要，尽快恢复接触网、车站重要负荷供电，避免扩大事故的发展。

（3）事故处理过程中，应迅速向值班调度长、设调、生产调度汇报事故紧急情况及信息通报，还需做到续报。

（4）事故处理过程中，一切调度命令和联系电话均应录音并详细记录事故处理过程。事故处理完毕后要及时做好事故分析报告。

（5）电调在处理事故中，应主动与现场配合，确定处理方法，并对处理事故中调度指挥的正确性、及时性负责。

（6）事故处理完毕后，电调应将事故概况和处理结果及尚需处理项目及时报告给值班调度长、设调。对需继续处理的项目，电调应积极协助。

（7）接触网发生事故跳闸，影响电客车正常运行时，电调应立即与行调联系，查找事故原因，尽快恢复对接触网的供电。

（8）变电所发生故障时，应改变供电运行方式，迅速恢复对接触网、车站一、二类负荷的供电。供电方式更改后，应及时通知供电车间生产调度并要求尽快对故障设备进行维修处理。

（9）直流馈线开关跳闸后，与双边供电的另一侧开关重合闸成功后，该未重合的开关允许试送一次。试送前退出对应的联跳回路，避免接触网设备出现二次停电。

（10）直流开关跳闸后，与双边供电的另一侧开关重合闸不成功，如电调远方复归成功后，允许试送一次。试送时，如线路测试不通过，需供电专业人员现场检查设备。

（11）直流开关跳闸后，与双边供电的另一侧开关重合闸不成功，如电调远方复归不成功，需供电专业人员现场复归，并确认开关设备正常时就地试送一次。

（12）当列车事故或发生其他事故需接触网停电处理时，电调应积极与行调配合，确定停电区段和采取的安全措施。

（13）当设备在运行中发现重大缺陷时，是坚持运行还是需停电或不停电处理，由现场供电专业人员决定。现场专业人员应注意密切观察。如专业人员决定坚持运行一段时间后停电处理，供电车间应书面向电调备案。若缺陷危及人身或设备安全时，电调按事故处理办理。

（14）事故信息通报流程如图1-5所示。

三、接触网故障

（1）事故抢修时，虽然事故的设备已经停电，但必须按规定办理停电作业命令，经验电、放电装设接地线后，方可批准对接触网故障的设备进行抢修。

（2）在抢修中，如遇当班电调的直接通信联系中断时，可设法通过行车调度、区间电话等进行联系。当一切电话中断时，在作业前必须采取下列措施：

①做好施工地点的安全防护措施。

②与牵引降压混合变电所保持联系，断开有关断路器和隔离开关。

③断开接触网有关隔离开关并加锁，必要时派人看守。

④在可能开启的空气间隙和绝缘器处装设接地线并派专人进行防护。

⑤按规定装设接地线。

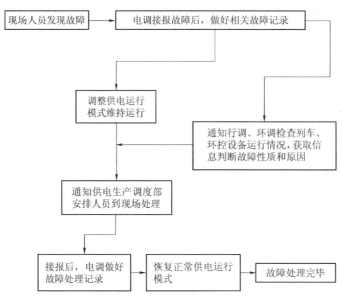

图 1-5 事故信息通报流程

⑥工作领导人要将事故有关情况通过各种方式尽快报告给当班电调。

四、牵引降压混合变电所故障

（1）牵引供电系统发生事故时，变电所值班人员应迅速正确地向电调报告发生的时间、地点、设备名称、故障现象等。

（2）事故处理倒闸可以不用倒闸操作票，电调可用口头命令，每次只能发布一个命令，但事后应补发。处理事故可不开工作票，但必须有电调的命令并做好安全措施后方可工作。

（3）当危及人身和设备安全时，可不需电调命令就进行紧急操作，但处理完毕后必须及时向电调汇报。电调发令时，应充分考虑到系统运行的可靠性及人身、设备的安全。

（4）变电所发生事故时，供电专业巡检人员或值班人员应及时与电调联系，听从电调的指挥。在没有接到调度指令前任何人不得靠近、触摸或检修故障设备。

五、故障处理流程

1. 环网电缆故障

（1）环网电缆差动保护动作：当某一段环网电缆差动保护动作时，电调应确认故障电缆两端开关是否分闸，没有分闸的立即分闸。确认以故障电缆为进线的变电所的 35 kV 母线开关是否自投，没有合闸的立即合闸。电调逐一确认所有受影响的相关变电所是否恢复正常，通知供电巡检人员立即前往受影响的变电所检查 400 V 设备的用电情况，及时恢复重要设备的用电，并要求生产调度立即派人前往处理故障。

（2）环网电缆过流保护动作：当某一段环网电缆过流保护动作时，电调应确认故障电缆两端开关是否分闸，没有分闸的立即分闸，将以故障电缆为进线的变电所的该段母线所有馈出开关全部断开，将以该段母线馈出的环网电缆为进线的变电所的进线开关断开，合上该变电所的 35 kV 母线开关，恢复受影响变电所的供电。通知供电巡检人员立即前往受影响的变电所检查 400 V 设备的用电情况，及时恢复重要设备的用电，并要求生产调度立即派人前往处理故障。

2. 降压所一台动力变故障退出运行时

（1）动力变温度保护跳闸或差动保护跳闸。

（2）动力变高压侧进线开关过流、速断保护跳闸等情况。

当降压所一台动力变由于上述保护跳闸后，电调确认变压器高、低压侧开关和两个三级负荷总开关是否跳闸，没有分闸的立即分闸；确认 400 V 母线开关是否自投合闸，没有合闸的立即合闸，恢复 400 V 失电母线的供电，通知供电检修人员到故障所查找故障，及时恢复 400 V 重要设备的用电，试令一台动力变负荷情况恢复三级负荷的供电，待检修人员确认设备正常后及时恢复降压所的正常运行方式。

3. 牵混所整流机组故障退出运行时

（1）当环网电缆差动保护动作时，母联开关出现故障不能合闸时。

（2）35 kV 母线出现故障导致进线开关速断或过流保护动作跳闸等情况。

当牵混所两套整流机组由于电源侧故障跳闸，牵混所的故障整流机组的高压侧 35 kV 交流进线失压时，电调在确认该牵混所直流母线运行正常的情况下，通过该牵混所的直流母线实现越区供电；若直流母线有故障或直流母线因为检修需要停电，可以通过越区隔离开关实现大双边供电。通知生产调度安排人员到故障所查找故障，确认设备正常后及时将整流机组恢复到热备用状态或空载运行，待运营后恢复至正常运行状态。

4. 牵混所框架泄漏保护动作

（1）牵混所直流系统框架外壳对地发生绝缘不良有泄漏电流。

（2）牵混所直流系统框架对负极绝缘不良，导致钢轨过高等情况。

当牵混所由于框架故障保护动作跳闸时，会使该牵混所直流系统的整流机组交流 35 kV 侧开关和所有直流开关全部跳闸，同时联跳相邻牵混所的与故障所相连形成双边供电的四把直流开关。电调要确认框架保护动作的类型，并要求变电所值班人员迅速复归故障或切除联跳信号后，通过故障所的两把越区开关实现越区大双边供电。

5. 一个牵混所整流机组故障退出运行

当一个牵混所由于框架故障保护动作跳闸时，电调将故障退出运行，通过合上故障所的两把越区开关，实现越区大双边供电（操作方法同框架泄漏保护动作的处理流程）。

（1）牵混所直流系统设备发生故障，不能继续运行时，电调将故障所推出运行，通过故障所的两把越区开关，实现越区大双边供电。

（2）当环网电缆发生故障造成一个牵混所退出运行时，如果通过调整环网电缆的运行方式可以迅速对失电牵混所恢复送电，处理方法同环网电缆故障的处理方法。如果通过调整环网电缆的运行方式来恢复对失电牵混所供电的时间较长，则可以通过合上故障所的两把越区开关，实现越区大双边供电。

6. 正线相邻两个牵混所整流机组退出运行

（1）主所故障运行或主所馈出电缆故障跳闸：造成正线上相邻的牵引所整流机组退出运行时，电调可以通过调整环网电缆的运行方式来恢复正线上相邻的两个牵引所整流机组供电。

（2）两个相邻的牵混所直流系统设备有一个所发生框架泄漏保护动作，另一个所的整流机组故障或无法投入运行：电调应首先确认故障所的直流母线是否有故障，如果直流母线没有故障，可以通过两个故障所的直流母线实现越区两个牵混所大双边供电；如果直流母线有故障，电调则遥控合上无人值班所的越区隔离开关，发令给有人值班所的值班人员，当地手动合上该所越区隔离开关，实现越区两个牵混所大双边供电。

7. SCADA 系统故障

（1）SCADA 操作界面故障或综合监控故障。电调迅速通知主变电所和有人值班的变电所加强设备监控，发生故障跳闸时立即电话通知电调，电调同时通知生产调度安排 SCADA 维护人员到 OCC 电调台进行故障处理，如果短时间不能修复，生产调度应安排供电专业人员到所有无人值班的变电所值班。检修结束时，经 SCADA 维护人员确认系统恢复正常后，通知值班人员撤离。

（2）SCADA 数据传输网络故障等情况发生，站控 SCADA 系统死机时，如果发生在无人值班所，电调迅速通知生产调度安排相邻所的值班人员立即赶到故障所，加强设备监控，发生异常情况及时电话汇报电调，电调通知供电车间生产调度，要求 SCADA 维护人员迅速前去检修。

（3）当发现数据传输网络发生故障时，电调应确认调度电话和内线电话是否使用正常，如不正常，电调用程控电话通知所有值班人员加强设备监控，发生异常情况及时用移动电话或程控电话，要求生产调度迅速组织供电人员到无人值班所加强设备监控。待数据网络故障处理完毕后，电调与主变电所和变电所值班人员共同核对开关分/合闸位置，确认正确后，通知 SCADA 维护人员进行主备用通道切换试验，确认正常后，通知无人值班变电所人员撤离。

【案例一】

一、事故概况

某天，接触网甲班在车辆段配合机电检修作业，需要在 A1 区两端封挂地线。甲班王某接到电力调度命令后和李某去挂地线，为节省时间，王某、李某各自单独挂一组接地线。王某来到 A1 区的一端，用验电器验明接触网无电后，立即挂上接地线；此时，在 A1 区另一端的李某为贪图方便，得知王某已经验明无电后，便直接挂接地线，当李某将地线的上端头往接触线靠近时，立刻听见"砰"的一声响，同时出现火光。王某听到响声后立刻跑过来，经现场确认，李某越过了分段绝缘器，将地线错挂在 B1 区接触网上，造成 B1 区短路跳闸。

二、原因分析

（1）违反安全操作规程，简化作业流程。李某在得知王某验明无电的情况下，自认为接触网已经停电，可以节省验电环节，简化了作业流程，将接地线错挂到带电的接触网上，造成了事故，严重违反了安全工作规程。

（2）未执行"一人操作，一人监护"的制度。王某、李某两人为贪快省事，各自独自去挂一组接地线，未执行"一人操作，一人监护"的制度，违反了《接触网安全工作规程》。

三、防范措施

（1）加强规章制度培训，提高员工安全意识，严禁简化作业流程，严格按停电、验电、封挂地线的流程进行接触网挂地线作业。

（2）接触网挂地线和倒闸操作时，要严格执行"一人操作，一人监护"的制度。

（3）全面进行作业安全检查和整顿，严禁违章作业，特别是习惯性违章行为必须坚决查处。

【案例二】

一、事故概况

某日，某地铁运营公司一接触网工班在车辆段列检库2、3道进行接触网检修作业，完成作业时超过检修计划时间，作业负责人王某为了快点送电，早点回去休息，在没有消除"接触网停电作业命令"、没有得到控制中心电力调度员许可倒闸命令、没有监护人、没有确认接地线已撤除的情况下，要求作业组成员李某合上D77隔离开关，从而造成接触网对地短路事故。事故造成接触网两处轻微烧伤，钢轨与接地线接触处表面烧伤，两根接地线线夹烧伤。

二、原因分析

（1）违章指挥。作业负责人王某简化了接触网检修作业程序，严重违反了《接触网安全工作规程》，在未办理施工检修结束手续、没有撤除接地线、不具备送电条件且没有电调命令的情况下，违章指挥李某合闸送电，造成本事故。

（2）违章操作。作业组成员在没有电力调度命令的情况下，对作业负责人王某的违章指挥没有拒绝执行或提出异议，违章合闸送电，造成本事故，违反了《接触网安全工作规程》。

（3）作业组成员李某合闸送电时没有严格执行操作隔离开关时"一人操作，一人监护"的制度，没有落实"自控、互控和他控"三控措施。其他作业人员对上述违章行为未能及时制止。

三、防范措施

（1）加强班组作业安全和业务学习，提高员工的安全意识和业务技能。

（2）加强《接触网安全工作规程》的培训，规范作业流程，严禁简化作业流程，拒绝违章指挥和强令冒险作业。

（3）作业过程中要严格执行"三控"规定，防止类似事故发生。

【案例三】

一、事故概况

某日，某地铁公司区间泵房1#水泵出现故障报警，当班电工甲分开电源开关，和乙前往检查维修。到了下班时仍没检修好，甲和乙没有将电源线进行包扎处理和防护就返回车站，由于接班的丙和丁到达车站后，发现区间泵房1#水泵电源开关在分位，又没有挂"有人工作禁止操作"的标示牌，以为是跳闸，便随手合闸送电，开关立即跳闸，经检查，1#水泵烧毁。

二、原因分析

（1）在分开电源开关检修水泵时，没有按规定挂"有人工作，禁止操作"标志牌，在没修好水泵的情况下，没有做好防护，没有将故障检修情况交给下一班，是造成本事故的主要原因。

（2）丙和丁看到电源开关在方位时，没有查清楚是什么原因就合闸送电，是造成本事故的直接原因。

（3）员工安全意识淡薄，劳动纪律不强，没有执行交接班制度，没有将故障及处理情况记录在交接本上，没有将没完成且不具备送电使用的情况交给下一班。

三、防范措施

（1）按"四不放过"的原则分析事故原因，吸取教训，举一反三，杜绝违章违纪行为。

（2）加强业务和安全教育，增强员工安全意识，检修作业时要严格落实技术措施和安全组织措施。停电检修时要挂"有人工作禁止操作"标志牌，并做好安全防护。

（3）强化劳动纪律，按规定做好交接班工作，交接班时要将发现的故障隐患、故障处理情况和未完成的工作交给下一班。

（4）部门、车间要加强作业安全和劳动纪律的检查，防止类似事故发生。

思考题

1. 变电所的施工检修和接触网的施工检修应该注意什么？
2. 各种供电设备正常运行的条件是什么？
3. 试画出电调工作指挥层级的架构图。
4. 供电施工检修管理的流程是什么？
5. 接触网故障时，故障处理流程是什么？

项目二

城市轨道交通供电系统安全规程

学习目的与要求

熟悉城市轨道交通供电系统安全规程，能严格执行各类安全规定，学会填写各种工作票。

课题一　高压供电安全规程

一、一般安全规程

（1）变电所的所有电气设备，自第一次受电开始即认定为带电设备，之后，上述设备的一切作业必须按《高压供电安全规程》的各项规定严格执行。

（2）为了保证高压供电运行检修作业的安全，对有关人员实行安全等级制度。凡从事高压供电运行和维修工作的相关人员，必须经过高压供电安全等级考试评定安全等级，取得安全合格证（见图2-1）之后方可准许参加相应的运行和检修工作。安全等级的规定见表2-1。

第一页

图2-1　安全合格证

第二页

考 试 成 绩					注 意 事 项
日期	理论成绩	实做成绩	综合成绩	主考人 安全等级	

图 2-1 安全合格证（续）

表 2-1 变电所工作人员安全等级的规定

等级	允许担当的工作	必须具备的条件
一级	参与检修、施工的配合工作 在其他人员的带领下进行巡视、值班 其他较简单的工作	新工人经过教育和学习初步了解变电所内安全作业的基本知识
二级	在其他人员的带领下进行巡视、值班 停电作业 不停电作业的辅助工作 倒闸操作人员	1. 担当一级工作半年以上； 2. 具有变电所运行、检修或试验的一般知识； 3. 根据所担当的工作掌握电气设备的停电作业和助理、值班人员工作的相关安全知识； 4. 能处理较简单的故障； 5. 会进行紧急救护
三级	值班人员 填票人 工作许可人 监护人 停电作业 不停电作业 巡检人员 车间调度人员	1. 担当二级工作一年以上，具有大专以上学历者（供电相关专业）可适当缩短； 2. 掌握变电所运行、检修或试验的有关规定； 3. 熟悉本规程； 4. 根据所担当的工作掌握值班员工作； 5. 能和作业组进行停电和不停电的作业； 6. 会处理常见故障

续表

等级	允许担当的工作	必须具备的条件
四级	工作票签发人 施工负责人 高压供电综合工长 供电专业技术人员 供电专业工程师	1. 担当三级工作一年，具有大专以上学历者（供电相关专业）可适当缩短； 2. 熟悉变电所运行、检修或试验的有关规定； 3. 根据担当的工作熟悉下列中的有关部分：值班人员的工作，电气设备的检修和试验工作，并了解其他部分； 4. 能处理较复杂的故障
五级	电力调度人员 供电专业工程师 供电安全工程师 供电车间主任、副主任 供电机电中心主任、副主任 供电委外项目经理	1. 担当四级工作一年以上，工程师及以上各级干部具有大专以上学历者（供电专业）可适当缩短； 2. 能熟悉并会解释变电所运行、检修和安全工作的重要原则及有关检修工艺

（3）根据从事高压供电运行和检修的工作人员职务不同，由运营分公司安保部牵头组织对各级人员进行安全等级考试并签发合格证。

（4）对从事高压供电运行或检修工作的人员，必须按下列规定进行安全考试并合格：

①定期考试：每年进行一次。

②临时考试：对属于下列情况的人员，要事先进行安全考试。

a. 开始参加高压供电运行和检修工作的人员。

b. 当职务或工作岗位变更时，需提高安全等级的人员。

c. 中断工作连续三个月以上仍然从事高压供电运行和检修的人员。

（5）对违反本规程受处分的人员，必要时降低其安全等级，需要恢复其原来的安全等级时，必须重新经过考试并达到合格。

（6）对未按规定参加安全考试和未取得安全合格证的作业人员、实习人员、临时参加劳动的人员、外单位或外部门支援和学习人员，必须经当班的值班人员（巡检人员）准许并在其监护下方可进入设备区。

（7）高压供电工作人员必须具备下列条件方能参加作业：

①高压供电工作人员每年检查一次身体，对不适合从事高压设备运行和检修作业的人员要及时调整。

②具备必要的电力专业知识，熟悉本规程有关内容，并经考试达到合格。

③从事运行、检修、试验等的工作人员，需经有关部门培训，考核合格并取得行业资格证书。

④应会触电急救的基本方法。

（8）雷电时禁止在室外设备以及与其有电气连接的室内设备上作业。

（9）高空作业时，作业人员应系好安全带并扣好保险钩，作业时有专人监护。所有作业人员必须戴好安全帽，使用专门的工具传递工具、零部件和材料等，不得抛掷传递。

（10）当用梯子作业时，作业人员要先检查梯子是否牢靠，要有专人扶梯。单梯只许1人操作，支设角度以60°～70°为宜，梯子下脚要采取防滑措施；支设人字梯时，两梯夹角应保持40°，同时两梯要牢固，移动梯子时梯子上不准站人。

（11）动火作业时，火焰与带电部分之间的距离：电压为1 500 V及以下者不得小于1.5 m；电压为1 500 V以上者不得小于3 m。

（12）在全部或部分带电柜（盘）上进行作业时，应将所有作业的设备与其他运行设备以明显的标志隔开，作业时应由专人进行监护。

（13）凡电调下达的倒闸和作业命令，除遇有危及人身、行车和设备安全的紧急情况外，均必须有命令编号和批准时间，没有命令编号和批准时间的命令无效。

（14）对需有电调下令进行倒闸作业的断路器和隔离开关，遇有危及人身和设备安全的紧急情况，值班人员可先行断开有关的断路器和隔离开关，再报告电调，但在合闸时必须有电调的命令。

（15）凡电调管辖的设备的倒闸作业以及退出或投入自动装置和继电保护，除第14条规定的情况外，均必须有电调命令方可操作。

（16）电气设备停电（含事故停电）后，在未断开有关断路器和隔离开关并按规定做好安全措施前，不得触及设备或进入防护物，以防突然来电。

（17）在设备因事故停电时，若已派出人员到现场查巡，在未与现场人员取得联系前，无论何种理由，都不得对停电设备重新送电。

（18）变电所发生高压接地故障时，在切断电源之前，任何人与接地点的距离：室内不得小于4 m，室外不得小于8 m。特殊情况下，确需进入上述范围的人员，作业人员要穿绝缘靴，戴绝缘手套。

（19）在变电所内作业时，带电部分严禁用棉纱（或人造纤维）、汽油、酒精等易燃物擦拭，以防起火。

（20）当电气设备发生火灾时，要立即将该设备的电源切断，然后按规定采取有效措施进行灭火。

二、变电所运行工作安全规定

1. 值班

（1）要求有人值守的变电所至少安排一名值班人员，其安全等级不低于三级。单人值班时，值班人员不得单独从事维修工作。

（2）当值班人员参加变电所停电检修或工程施工时，需听从作业组施工负责人的指挥。

（3）高压配电室、变压器室和开关柜等设备的钥匙由值班人员妥善保管，按班移交。如因工作需要借给工作人员使用，必须登记，当日交回。

2. 巡视

（1）除有权单独巡视的人员可一人巡视外，高压设备的巡视至少安排两人同时进行。

（2）有权单独巡视的人员：运行和维修人员其安全等级不低于三级，专业工程师、车间和中心相关管理人员其安全等级不低于四级。

(3)设备巡视时,要事先通知电调或变电所值班人员。如要打开高压设备的防护栏或高压设备柜门时,要有安全等级不低于三级的人员在场监护,并要注意与带电部分保持足够的安全距离。当一人单独巡视时,禁止打开高压设备的防护栏或进入高压柜内。

(4)巡视配电装置,进入高压室,必须随手将门锁好。

(5)遇有雷雨、大风、洪水及事故后的特殊巡视,应由两人一同进行。在有雷、雨的情况下必须巡视室外高压设备时,要穿绝缘靴、戴安全帽,并且不得靠近避雷针和避雷器。

3. 倒闸

(1)所有倒闸作业均必须由两人同时进行,一人操作,一人监护。操作人安全等级不低于二级,监护人安全等级不低于三级。

(2)倒闸操作一般由电调发布命令,电调发布命令应准确、清晰,使用标准属于设备双重名称,即设备名称和编号。

(3)由电调管辖的设备,在电调远方操作无法实现时,由电调发布倒闸命令,倒闸操作的监护人担当受令人。发令前电调和受令人应互报姓名。电调发布的命令受令人必须进行复诵,电调确认无误后方可给予命令编号和批准时间。对于每个倒闸命令,电调和受令人均要填写变电所作业命令记录并使用录音电话,变电所作业命令记录格式见表2-2。

表2-2 变电所作业命令记录

填表单位:　　　　　　　　　　　　　　　　　　　　　　　　　编号:

日期	发令时间	受令处所	命令记录	命令确认	发令人	受令人	命令编号	批准时间	完成时间	变电所销令人	供电调度员	备注
	:							:	:			
	:							:	:			
	:							:	:			
	:							:	:			
	:							:	:			
	:							:	:			
	:							:	:			

(4)电调对一个变电所一次只能下达一个倒闸作业命令。

(5)电调发布倒闸命令要遵守下列基本原则:

①停电时的操作程序:先断开负荷侧后断开电源侧,先断开断路器后断开隔离开关。送电时,与上述操作程序相反。

②三工位隔离开关接地时,先断开主刀闸后闭合接地刀闸。合闸时,与上述操作程序相反。

③禁止带负荷进行拉合隔离开关。为防止误操作,所有投运的闭锁装置未经电调同意不得退出或解锁。

(6)监护人在接到倒闸命令后,应先组织操作人在模拟图上进行模拟操作,确认无误后再进行设备倒闸操作。操作前监护人应核对设备名称、编号和位置,操作中认真执行监护复诵制度，必须按变电作业命令记录填写的顺序逐项操作，每操作完一步，检查无误后应做一个"√"记号，全部操作完毕后进行复查。

（7）进行开关本体就地控制装置操作时，操作人和监护人必须穿绝缘靴，同时操作人还要戴绝缘手套，操作中认真执行监护复诵制度，呼唤应答手指眼看。隔离开关的倒闸操作要准确迅速，一次开闭到底，中途不得停留和发生冲击。

（8）倒闸作业完成后，监护人要立即向电调报告，电调确认无误后发布倒闸完成时间，至此倒闸作业结束。

（9）高压供电设备倒闸操作优先由电调采用 SCADA 系统在远方进行倒闸操作；如果 SCADA 系统电调级无法操作，则由操作人采用 SCADA 系统在变电所级远方操作；如果 SCADA 系统电调级及变电所级都无法操作时，再采用就地开关本体控制装置操作。

（10）低压设备上的停电与不停电作业（除低压 AC 400 V 电源主母线的停电作业）、在 SCADA 系统及高压供电设备二次回路上进行的不需高压设备停电的倒闸操作等，不需要电调发布倒闸操作命令，但倒闸时需由监护人向电调办理准许作业手续。倒闸完毕后要将倒闸时间、原因和操作人的姓名填入值班日志中。

（11）在发生人身触电事故时，为了解救触电人员，可以不经许可，即行断开有关设备的电源，但事后必须立即报告电调。

（12）事故紧急情况的倒闸操作可由电调口头下令执行，不需要写操作步骤，但要注意安全，事后要详细记录。

（13）对所有断路器，一般情况下，不允许用机械按钮合闸送电或分闸停电。特殊情况下，必须穿绝缘靴、戴绝缘手套，同时站在断路器的侧边，方可允许用机械按钮合闸送电或分闸停电。

（14）对拉出的小车，送电前倒闸操作人和监护人要共同确认小车已推至运行位。

三、高压供电设备检修工作安全规定

1. 高压供电设备检修作业分类

高压供电设备检修作业分为以下三类：

（1）高压设备的停电作业：在停电的高压设备上进行的作业及在低压设备上、二次回路上和照明回路、消防设备上进行的需要高压设备停电的作业。

（2）高压设备的不停电作业：当作业人员与高压设备的带电部分之间保持规定的安全距离和没有偶然触及导电部分的危险，在带电设备外壳和附近进行的作业。

（3）低压设备的作业：分为在低压设备上进行的停电与不停电作业。

2. 保证安全的组织措施

保证安全的组织措施有：工作票制度（含口头调度命令）、工作许可制度、工作监护制度、工作间断、转移和终结制度。

1）工作票制度

（1）高压供电设备检修作业实行工作票制度。工作票是在变电所内进行作业的书面依据，要字迹清楚、正确，不得用铅笔书写，不得涂改。

（2）事故抢修，情况紧急时可不开工作票，但应向电调报告事故概况，听从电调的指

挥，在作业前必须按规定做好安全措施，并将作业时间、地点、内容及批准人的姓名记入值班日志中。

（3）根据作业性质不同，工作票分为两种：

①第一种工作票：用于高压设备停电作业及低压 AC 400 V 电源主母线的停电作业，格式见表 2-3。

表 2-3　变电（站）所第一种工作票

变电（站）所第一种工作票（第一页）

_____站（所）　　　　　　　　　　　　　　　　　　　　　　　　第　号

作业地点及内容			填票人		
工作时间	自　年　月　日　时　分始至　年　月　日　时　分止				
施工负责人	姓名：　　　　（　　）				
作业组成员及安全等级	（　　）	（　　）	（　　）	（　　）	
	（　　）	（　　）	（　　）	（　　）	
	（　　）	（　　）	（　　）	（　　）	
				共计　　人	

必须采取的安全措施	已经完成的安全措施
1. 断开的断路器和断开的隔离开关： （按操作顺序填写）	1. 已经断开的断路器和断开的隔离开关：
2. 安装接地线（或接地刀闸）的位置：	2. 接地线（或接地刀闸）装设的位置：
3. 装设防护栅、悬挂标示牌的位置：	3. 防护栅、标示装设的位置：
4. 注意作业地点附近有电的设备：	4. 注意作业地点附近有电的设备：
5. 其他安全措施：	5. 其他安全措施：

施工负责人：_____（签字）	签发人：_____（签字）
电调确认日期：___年___月___日	电调：_____（签字）

变电（站）所第一种工作票（第二页）

_____站（所）　　　　　　　　　　　　　　　　　　　　　　　　　　　第　号

根据电力调度员_____发布的第___号命令准予在_____年___月___日___时___分开始工作。实际于_____年___月___日___时___分安全措施已经做好。

工作许可人：_____（签字）

经检查安全措施已经做好，实际于_____年___月___日___时___分开始工作。

施工负责人：_____（签字）

变更作业组成员记录：_____

批准人（填票人、施工负责人或签发人）：_____（签字）

经电力调度员_____同意工作时间延长到_____年___月___日___时___分。

施工负责人：_____（签字）　　　　　　　　　　工作许可人：_____（签字）

因工作间断，开工前重新检查安全措施，可以于_____年___月___日___时___分开工作业。

施工负责人：_____（签字）

因转移工地，施工负责人应交代现场安全措施。

施工负责人：_____（签字）

工作已于_____年___月___日___时___分全部结束。

施工负责人：_____（签字）

临时接地线共___组和临时防护栅、标示牌已拆除，并恢复了常设防护栅和标示牌，经电力调度员_____批准工作票于_____年___月___日___时___分结束。

工作许可人：_____（签字）

备注：

②第二种工作票：用于高压设备不停电的作业，低压设备上的停电与不停电作业以及在 SCADA 系统或二次回路上进行的不需要高压设备停电的作业，格式见表 2-4。

表 2-4　变电（站）所第二种工作票

_____站（所）　　　　　　　　　　　　　　　　　　　　　　　　第　　号

作业地点及内容			填票人		
工作时间	自　年　月　日　时　分始至　年　月　日　时　分止				
施工负责人	姓名：　　　　（　）				
作业组成员姓名及安全等级	（　　）	（　　）	（　　）	（　　）	
	（　　）	（　　）	（　　）	（　　）	
	（　　）	（　　）	（　　）	（　　）	
	（　　）	（　　）	（　　）	（　　）	
	共计　　人				

工作条件（停电或不停电）：

必须采取的安全措施（本栏由签发人填写）	已经完成的安全措施（本栏由工作许可人填写）

施工负责人：_____（签字）　　　　签发人：_____（签字）

根据电力调度员_____发布的第_____号命令准予在_____年___月___日___时___分开始工作。实际于_____年___月___日___时___分安全措施已经做好。

工作许可人：_____（签字）

经检查安全措施已经做好，实际于___年___月___日___时___分开始工作。

施工负责人：_____（签字）

因转移工地，施工负责人应交代现场安全措施。

施工负责人：_____（签字）

工作已于___年___月___日___时___分全部结束。

施工负责人：_____（签字）

经电力调度员_____批准工作票于____年___月___日___时___分结束。

工作许可人：_____（签字）

（4）第一种工作票的有效时间一般不超过两天（48h），若在规定的工作时间内作业不能完成，应提前半小时向电调办理申请延时手续；第二种工作票有效时间为一天（24h）。

（5）工作票由填票人进行填写，必须由施工负责人和签发人审核，电调应对第一种工作票进行确认。经过确认无误的工作票方可作为维修和施工作业的依据。

（6）工作票填写一式两份，一份交给施工负责人，一份交给工作许可人。

（7）一个作业组的施工负责人同时只能接受一张工作票。一张工作票只能发给一个作业组。同一张工作票的填票人、签发人和施工负责人必须由三人分别担当，不得相互兼任。

（8）施工负责人和签发人由供电机电中心指定具有资格人员担任并书面公布，报电调备案。对属于供电局调度管辖的设备进行维修和施工的工作票，其签发人及施工负责人名单需向供电局备案。

（9）第一种工作票运转流程。

①填票：填票人至少提前一天将填好的工作票交给施工负责人。

②审核：施工负责人对工作票内容有不同意见时，要及时向填票人提出，经认真分析确认无误后签字。

③签发：施工负责人审核签字后，由填票人将工作票交给签发人签发。工作票签发后交给供电车间调度人员。

④确认：在作业当日由供电车间调度人员按规定的时间将工作票通过传真报电调确认，电调对供电车间报的工作票进行确认无误后签字，并及时传真给供电车间调度人员。供电车间调度人员及时将工作票交给施工负责人。

⑤要令：工作许可人根据工作票向电调申请停电，电调倒闸操作完成后，工作许可人向电调申请停电作业命令。

⑥许可：电调发布停电作业命令后，工作许可人按工作票内容做好安全措施并在工作票上签字。工作许可人向施工负责人办理准许作业手续，施工负责人确认无误后在工作票上签字。

⑦终结：作业结束后，工作许可人和施工负责人共同确认所有作业人员已远离带电区域，设备无异常，施工负责人在工作票上签字。

⑧销令：拆除安全措施并进行必要的试验后工作许可人向电调申请销令，并在工作票上签字。

（10）第二种工作票运转流程。

①填票：填票人提前将填好的工作票交给施工负责人。

②审核：施工负责人对工作票内容有不同意见时，要及时向填票人提出，经认真分析确认无误后签字。

③签发：施工负责人审核签字后，由填票人将工作票交给签发人签发。工作票签发后交给施工负责人。

④要令：作业时，工作许可人根据工作票向电调申请允许作业命令。

⑤许可：电调发布允许作业命令后，工作许可人按工作票内容做好安全措施并在工作票上签字。工作许可人向施工负责人办理准许作业手续，施工负责人确认无误后在工作票上签字。

⑥终结：同第一种工作票。

⑦销令：同第一种工作票。

（11）施工负责人和工作许可人要尽早熟悉工作票内容，提前做好维修和施工作业准备。

（12）工作票中规定的作业组成员一般不应更换，若必须更换时，应经填票人同意。若填票人不在，可经施工负责人同意。施工负责人的更换必须经签发人同意签字后报电调确认。

（13）若在规定的工作时间内作业不能完成，工作许可人应提前半小时向电调办理申请延时手续，施工负责人和工作许可人在工作票上签字。

（14）若一个电气连接部分作业需相邻变电所停电时，开工前，相关变电所的全部安全措施应一次做完。

（15）工作票所列人员的责任如下：

①填票人。由高压供电综合工班成员担任，其安全等级不低于三级，职责如下：

——明确作业项目；

——认真填写工作票相关内容；

——将工作票交给施工负责人审核和签发人签发。

②签发人。由专业工程师、车间副主任或车间主任担任，其安全等级不低于四级，职责如下：

——确认作业项目（含作业内容、时间、地点等）是正确、必要的和可行的；

——确认安全措施是正确和完备的；

——确认所派施工负责人和作业组成员是适宜的。

③施工负责人。由熟悉设备、有一定工作经验和组织能力的人员担任，安全等级不低于四级，职责如下：

——正确安全地组织工作；

——复查安全措施是否正确完备，符合规定要求；

——向作业组成员说明工作范围、采取的安全措施等内容，结合实际进行安全教育；

——时刻在场监督作业组成员的作业安全，检查工作质量，按时完成任务；

——发现危及人身安全的情况时，应立即采取措施，坚决制止继续作业；

——一旦发生意外情况，应迅速采取正确的抢救措施。

④工作许可人。由熟悉设备且具有一定工作经验的人员担任，安全等级不低于三级。对有人值守的高压供电场所一般由其值班人员担任工作许可人，对无人值守的高压供电场所由施工负责人指定人员担任工作许可人。职责如下：

——复查工作票必须采取的安全措施是否正确完备；

——向电调申请停电和进行倒闸作业；

——按照有关规定和工作票要求做好安全措施，办理准许作业手续；

——负责检查停电设备有无突然来电的可能。

⑤作业组成员。职责如下：

——作业组成员要服从施工负责人的指挥和调动，明确所分担的任务，并按时完成；

——严格遵章守纪，对作业安全有疑问时要及时提出意见，坚持安全作业。

⑥电调。职责如下:
——负责确认工作票所列安全措施是否正确完备;
——进行倒闸作业,发布停电或允许作业命令;
——确认工作票是否具备终结条件,办理工作票终结手续,批准工作结束;
——根据具体情况,决定是否对作业设备停/送电。
(16) 非供电专业人员在变电所作业时需遵守下列规定:
①若设备不需要停电,由值班人员或指定的供电人员负责做好安全措施(如加防护栏,悬挂标示牌等),向作业领导人讲清安全注意事项,并记录在值班日志中,双方签名后方准开工。必要时可派安全等级不低于三级的人员进行电气安全监护。
②若需设备停电,由供电车间按本规程办理相关停电手续。

2) 工作许可制度

(1) 在工作许可人做好安全措施后,要到作业地点进行下列工作:
①工作许可人会同施工负责人按工作票的要求共同检查作业地点的安全措施,证明检修设备确无电压;
②工作许可人向施工负责人指明准许作业范围,附近有电(停电作业)设备的有关注意事项;
③经施工负责人确认符合要求后,双方在两份工作票上签字后方可开始作业。

(2) 若工作票需相邻变电所做安全措施,施工负责人指定专人到相应变电所办理。安全措施做好后要及时向工作许可人进行汇报。

(3) 电力电缆停电检修时,可在需检修的电缆两端的任一变电所办理作业手续。

(4) 当作业人员进入电容器室(柜)内或在电容器上工作时,要将电容器逐个放电,并接地和做好其他安全措施方可作业。

(5) 每次开工前,施工负责人要在作业地点向作业组全体成员宣读工作票,布置安全措施。

(6) 当停电作业时,在消除作业命令前,禁止向停电的设备上送电,紧急情况下必须送电时要按下列规定办理:
①由工作许可人通知施工负责人,说明原因,暂时结束作业,收回工作票;
②拆除临时防护栏、接地线和标示牌,恢复常设防护栏和标示牌;
③所有供电设备现场具备送电条件后,由电调发布送电许可命令;
④工作许可人将送电的原因、范围、时间和批准人、联系人姓名等记入值班日志中。

(7) 停电作业的设备,在结束作业前需要试加工作电压时,要按下列规定办理:
①确认作业地点的人员、机具均已撤至安全地带;
②由工作许可人将该停电范围内的工作票均收回,拆除妨碍送电的临时防护栏、接电线和标示牌;
③确认被试设备具备试加工作电压的条件;
④施工负责人与工作许可人共同对有关部分进行全面检查,确认可以送电,由工作人员进行试加工作电压;
⑤试加电压完毕后,如仍需继续作业,必须由工作许可人根据工作票的要求,重新做好安全措施,办理准许作业手续。

3）工作监护制度

(1) 当进行电气设备的不停电作业或较复杂作业时,施工负责人主要负责监护作业组成员的安全和联络工作,不参加具体作业。当进行电气设备的停电作业时,施工负责人除监护作业组成员的作业安全和监护作业质量外,在下列情况下可以参加工作:

①当全所停电时;

②部分设备停电,距带电体较远或有可靠的防护设施,作业人员不致触及带电部分时。

(2) 当作业人员较多或作业范围较广时,应设专职监护人,且专职监护人的安全等级不低于三级。

(3) 当作业需要时可以派遣不少于两人的小组（包括监护人）到其他地点进行相关工作。其作业人员的安全等级不低于二级,监护人的安全等级不低于三级。

(4) 禁止任何人在高压分间、高压柜内、容器设备内单独停留作业。

(5) 工作许可人、施工负责人、监护人发现现场有不安全因素时应及时提出并要求其立即纠正,若发现危及人身、行车、设备安全的紧急情况时,有权立即停止作业。必要时工作许可人可收回工作票,令作业人员、工具和材料撤出作业地点。

4）工作间断、转移和终结制度

(1) 作业中需暂时中断工作离开作业地点时,施工负责人应负责将人员撤离至安全地带,材料、零部件和机具要放置牢靠,并与带电部分之间保持规定的安全距离,当再继续工作时,需重新检查安全措施,符合工作票要求后方可开工,并在工作票上签字。在作业中断期间,未征得施工负责人同意,工作组成员不得擅自进入作业地点。每日开工和收工除按上述规定执行外,在收工时还得清空作业场地,开放封闭的通道,开工时施工负责人还要向作业组成员重新宣读工作票,布置好安全措施后方可开始工作。

(2) 在同一电气连接部分用同一工作票一次在几个工作地点转移工作时,全部安全措施由工作许可人在开工前一次做完,施工负责人在转移工作时,应向作业组成员布置安全措施和注意事项,并在工作票上签字。

(3) 当工作全部完成时,由作业组负责清理作业地点,施工负责人会同工作许可人检查作业中涉及的所有设备,交代所修项目,发现的问题和缺陷,处理的结果,是否具备投运条件等。施工负责人在工作票中填写工作结束时间并签字,然后由工作许可人按下列程序办理工作终结手续:

①拆除所有临时接地线,点清其数量;

②拆除临时防护栏和标示牌,恢复常设的防护栏标志;

③必要时测试设备,试验合格。

(4) 在完成上述工作,确认所有安全措施恢复后,工作方可视为结束,之后工作许可人需立即汇报电调,向电调申请销令,电调询问确认作业已经结束,具备送电条件时,给予销令时间,工作许可人将销令时间和批准人记入作业命令记录和工作票中并签字。

3. 保证安全的技术措施

保证安全的技术措施有:停电、验电、装设接地线、悬挂标示牌和装设防护物。

1）停电工作安全规定

（1）停电范围。

①当进行停电作业时，设备的带电部分距作业人员小于表 2-5 规定者需停电。

表 2-5　停电距离

电压等级/kV	无防护栏/mm	有防护栏/mm
110	1 500	1 000
35	1 000	600
10 及以下（含直流 1 500 V）	700	350

在二次回路上进行作业，对可能引起一次设备中断供电或影响其安全运行者，其有关的设备均需停电。

②对停电作业的设备，必须从可能来电的各方面切断电源（运行中的星形接线设备，其中性点应视为带电部分），并要有明显的断开点。断路器和隔离开关断后，应采取防止误合措施。

2）作业命令的办理

（1）按工作票种类（第一或第二种工作票）的不同由电调发布停电或允许作业命令。

（2）在同一个停电范围内有几个作业组同时作业时，对每一个作业组，工作许可人必须分别向电调办理准许作业手续。

3）验电接地

（1）验电工作应在停电以后进行。

①验电时必须使用与被验电设备电压等级相符且试验合格的验电器，并先在其他同等电压等级的带电设备上试验良好。

②验电时，被检修设备的所有引入、引出线均要检验。对断路器或隔离开关应在进出线上进行，验电应逐相进行；35 kV 的 GIS 组合电器必须用专用的带电显示装置测试高压回路带电状况；对 110 kV 进线的验电可用万用表测量进线单相 PT 的电压确认；对低压设备的验电，除使用验电笔外，还可使用携带式电压表进行。用电压表验电时，应在各相之间及每相对地之间进行检验。

（2）表示断路器、隔离开关分闸的信号以及常设的测量仪表显示无电时，不能作为设备无电的依据，仍应通过验电器检验设备是否已停电，验明确认无电并按规定采取安全措施后才能在该设备上作业。

（3）高压设备验电及装设或拆除接地线时，必须两人同时进行作业，一人操作，一人监护，监护人需穿绝缘靴、戴安全帽，操作人必须穿绝缘靴、戴安全帽和绝缘手套。

（4）在停电作业的设备上如可能产生感应电压且危及人身安全时应增设接地线。所有装设的临时接地线与带电部分应保持规定的安全距离，并装在作业人员可见到的地方。

（5）当变电所全所停电时，在可能来电的各路进出线均要分别验电装设接地线（合接地隔离开关）。当变电所部分停电时，若作业地点分布在电气设备不相连的几个部分时，则各作业地点应分别验电接地。

（6）当验明设备确实停电，则要及时装设接地线。顺序如下：

①对于 GIS 组合电器应先合接地刀闸，然后合断路器予以接地，并加机械锁；在变压器本体进行停电作业时，还必须在变压器本体桩头（高压侧及低压侧）上加挂地线。

②对于临时接地线，应先接接地端，再将另一端通过接地杆接在停电设备裸露的导电部分上。拆除接地线时，其顺序与装设时相反。

③接地线需用专用线夹，连接牢固，接触良好，严禁缠绕。

（7）交流系统接地线要采用截面积不少于 25 mm^2 带透明软绝缘套的铜软绞线，直流系统接地线要采用截面积不少于 70 mm^2 带透明软绝缘套的铜软绞线，且均不得有断股、散股和接头。

（8）根据作业的需要（如测量绝缘电阻时）必须短时拆除接地线时，施工负责人可以将妨碍工作的接地线短时拆除，并通知相关工作人员，该作业完毕后，要立即恢复。进行需拆除接地线的作业时，必须设专人监护。

4）悬挂标示牌和装设防护物

（1）在一经合闸即可送电到工作地点的断路器和隔离开关的操作把手上均应悬挂"禁止合闸，有人工作"的标示牌。

（2）在维护接地的三工位接地隔离开关和断路器的操作把手上均应悬挂"禁止操作"的标示牌。

（3）在室内部分高压设备上作业时，应在工作地点两旁开关柜和禁止通过的过道上装设遮栏并悬挂"止步，高压危险！"的标示牌（带），并在检修的设备上和作业地点悬挂"在此工作"的标示牌。

（4）部分停电的工作，当作业人员可能触及带电部分时，要装设遮栏，在临近通过攀登可能触及高压设备的构架上应悬挂"禁止攀登，高压危险！"的标示牌。

（5）在结束作业之前，任何人不得拆除或移动防护栏和标示牌。

四、高压供电设备试验和测量作业安全工作规定

1. 高压试验

（1）当进行电气设备的高压试验时，在作业地点的周围要设围栏，围栏上悬挂"止步，高压危险！"的标示牌（标示牌要面向作业场地外方），并派人看守防护。若被试设备较长时（如电缆），在距离操作人较远的另一端还应派专人看守。因试验需要临时拆除设备接地线时，在拆线前应做好标志，试验完毕恢复后要仔细检查，确认连接正确，方可投入运行。

（2）在同一天气连接部分，如加压部分与检修部分之间的断开点，按试验电压有足够的安全距离，并在另一侧有接地短路线时，可在断开点的一侧进行试验，另一侧可继续工作。但此时在断开点应挂有"止步，高压危险！"的标示牌，并设专人监护。

（3）试验装置的金属外壳要装设接地线，高压引线应尽量缩短，必要时用绝缘物支持牢固，试验装置的电源开关应使用有明显断开点的双极开关。试验装置的低压回路中应有两个串联电源开关，并加装过载自动跳闸装置。

（4）在施加试验电压（以下简称加压）前，操作人、监护人要共同仔细检查试验装置的接线、调压器零位、仪表的起始状态和表计的倍率等，确认无误后且被试设备周围的人员均处在安全地带，经施工负责人许可后方准加压。

（5）加压作业要专人操作、专人监护。加压时操作人穿绝缘靴或站在绝缘垫上，操作人和监护人呼唤应答。在整个加压过程中，全体人员均要精神集中，随时注意有无异常现象。

（6）未装接地线的具有较大电容的设备，应进行放电后加压。当进行直流高压试验时，每告一段落或结束时应将设备对地放电数次并进行短路接地。放电时，操作人要使用放电棒并戴绝缘手套。被试设备上装设接地线，只允许在加压过程中短时拆除，试验结束要立即恢复原状。

（7）试验结束时，作业人员要拆除自装的接地线、短路线，检查被试设备，清理作业地点。

2. 测量工作

（1）使用兆欧表测量绝缘电阻后，必须将被测设备对地放电，放电时，作业人员要戴绝缘手套，穿绝缘靴。

（2）在有感应危险电压的线路上测量绝缘电阻时，连同将造成感应电压的设备一并停电后进行。

（3）使用兆欧表测量绝缘电阻前，必须将被测设备从各方面断开电源，经验明无电且确认无人作业时，方可进行测量。

①测量时，作业人员站的位置、仪表安设的位置及设备的接线点均要选择适当，使人员、仪表及测量导线与带电部分保持足够的安全距离。作业地点附近不得有其他人停留。测量用的导线要使用相应电压等级的绝缘线。

②在高压设备上作业时，作业人员不得少于两人，其中一人的安全等级不低于三级。

（4）在变电所内使用钳形电流表测量电流时，其电压等级应符合要求。测量时可以不开工作票，但在测量前要经变电所值班人员同意，并由变电所值班人员与作业人员共同到作业地点进行检查。必要时由变电所值班人员做好安全措施方可作业。测量完毕要通知变电所值班人员。

（5）使用钳形电流表测量要拆除防护栏或打开开关柜才能作业时，应在拆除后立即测量，测量完毕要立即恢复。

（6）在高压设备上使用钳形电流表测量时，测量人员要戴好绝缘手套，穿好绝缘靴并站在绝缘垫上作业。

（7）钳形电流表存放在盒内要保持干燥，每次使用前要将手柄擦拭干净。

（8）除专门测量高压的仪表外，其余仪表均不得直接测量高压。测量用的连接电流回路的导线截面积不得小于 $1.5~\text{mm}^2$。

（9）当使用的携带型仪表、仪器带有金属外壳时，其外壳必须接地。

（10）在高压回路进行测量时，要在作业地点周围设围栏，悬挂标示牌，人员与带电部分之间需要保持足够的安全距离。

五、其他作业安全工作规定

1. 高压供电设备不停电作业安全规定

（1）当作业人员与高压供电设备带电部分之间的距离等于或大于规定数值时，允许不停电在高压设备上进行下列作业：

①更换整修附件（更换主变吸湿硅胶、呼吸器等）。

②取油样。

③设备简单测试（GIS 开关柜 SF_6 气体压力测试、泄漏测试等）。

④不会危及人身安全和设备安全运行的简单作业。

（2）以上作业必须遵守下列规定：

①作业人员在任何情况下与带电部分之间必须保持规定的安全距离。

②在 GIS 设备外壳进行作业时，作业前要先检查设备的接地必须完好。

③作业人员安全等级不得低于二级，监护人员的安全等级不得低于三级。

2. 低压设备上的作业

（1）在低压设备上作业时一般应停电进行。若必须带电作业时，作业人员要穿紧袖口的工作服，戴工作帽、手套，穿绝缘靴或站在绝缘垫上工作；所有的工具必须有良好的绝缘手柄，附件的其他设备的带电部分必须用绝缘板隔开。在低压设备上带电作业时，严禁一人单独作业。

（2）带电更换低压熔断器时，操作人要戴防护眼镜，站在绝缘垫上，并要使用绝缘柄钳或戴绝缘手套。

（3）在转动机械上工作不准戴手套，严禁将明火或能发生火焰的物体带入蓄电池柜，在向蓄电池注入电解液或调配电解液时，要戴防护眼镜。进行蓄电池充放电和维护时，防止全所直流二次电源失压而引起开关跳闸。

3. 高压供电设备二次回路上的作业

（1）在确保人身安全和设备安全的运行条件下，允许有关的高压设备和二次回路不停电时进行下列工作，且作业人员的安全等级不得低于三级：

①测量、信号、控制和保护回路上进行较简单的作业。

②在非运营期间改变继电保护装置的整定值，但不得进行该装置的调整试验。

③当电气设备有多重继电保护，经电调批准短时撤除部分装置时，在撤除运行的保护装置上作业。

（2）在二次回路上进行作业时，必须遵守下列规定：

①人员不得进入高压分间或登上 GIS 设备外壳，同时与带电部分之间的距离要等于或大于规定数值。当作业地点有高压设备时，要在作业地点周围设围栏和悬挂相应的标示牌。

②直流回路不得接地或短路。

（3）在带电的电压互感器和电流互感器二次回路上作业时，除按上述的规定执行外还必须遵守下列规定：

①电压互感器。

注意防止发生短路或接地，作业时作业人员要戴绝缘手套，并使用绝缘工具，必要时作业前撤除有关的继电保护。连接的临时负荷在互感器与负荷之间必须有专用的隔离开关。

②电流互感器。

a. 严禁将其二次侧开路。短接其二次侧绕组时，必须使用短接片或短接线，并要连接牢固，接触良好，严禁用缠绕的方式进行短接。

b. 所有互感器的二次回路均要有可靠的保护接地。

c. 作业时必须有专人监护，操作人必须使用绝缘工具并站在绝缘垫上。

(4) 当用外加电源检查电压互感器的二次回路时，在加电源之前需在电压互感器的周围设围栏，围栏上要悬挂"止步，高压危险!"的标示牌，且人员要退到安全地带。

4. 电力电缆作业工作安全规定

(1) AC 35 kV 及 DC 1 500 V 电力电缆用变电所第一种工作票，由电调办理准许手续。AC 110 kV 电缆检修按调度协议要求办理相关停电、送电手续。电力电缆工作前，除按高压设备停电作业有关内容办理安全措施外还必须遵守下列规定：

①电力电缆两端应接地。

②工作前必须详细核对电力电缆的名称、标志是否与工作票符合。

③安全措施是否正确可靠。

(2) 进电缆层（井）时，应排除浊气，穿绝缘靴，戴安全帽，且不得少于两人。在作业中注意防火，防止高空落物。

(3) 敷设电缆时，应有专人统一指挥，电缆移动时应有防止电缆绝缘损伤的措施。

(4) 锯电缆前，必须与电缆图纸核对无误，并确切证实电缆无电后方可工作。

(5) 电缆挖坑施工时，必须与有关管道、电缆主管单位取得联系，明确地下设施并做好防护措施，并要防止塌方。作业区应设坑盖或可靠围栏，夜间挂红灯。

5. GIS 设备作业安全工作规定

(1) 工作人员进入 SF_6 配电装置室间，必须确认通风良好。

(2) 工作人员不准在 SF_6 设备防爆膜附近停留，若在巡视中发现异常，应立即报告，查明原因，采取有效措施进行处理。

(3) 在室内设备充装 SF_6 气体、进行气体采样和处理一般渗漏时，必须开启通风系统，工作人员戴防毒面具，并避免 SF_6 气体泄漏到工作区。

(4) 在气瓶内储存的 SF_6 气体，使用前应先检查其水分和空气含量，符合标准后方准使用。

(5) 气瓶应在阴凉干燥、通风良好、敞开的专业场所直立保存，并应远离热源和油污。防潮、防阳光暴晒，并不得有水分或油污粘在阀门上，搬运时，应轻装轻放。

(6) 发生紧急事故应立即开启全部通风系统进行通风，发生设备防爆膜破裂事故时，应停电处理。

(7) 设备解体检修前，必须对 SF_6 气体进行检验。根据有毒气体的含量采取安全防护措施，检修人员要着防护服并根据需要佩戴防毒面具。打开设备封盖后，检查人员暂离现场 30 min。

(8) 从 SF_6 气体钢瓶引出气体时，必须使用减压阀降压。当瓶内压力降至一个大气压时，应关闭阀门。

6. SCADA 系统使用及工作安全规定

(1) 严禁非供电专业人员动用 SCADA 设备系统。

(2) SCADA 系统操作人员未经 SCADA 专业检修人员同意，不得私自将移动存储设备接入 PC 上，使用的移动存储设备应为工程专用存储设备。

（3）变电所级 SCADA 系统正常运行时，控制权均应转为电调控制。SCADA 系统故障或被控设备检修时，由电调下令，将相应变电所的控制权转为变电所控制。采用变电所级 SCADA 系统 PC 操作时，操作人应严格执行电调操作命令，并记录电调的命令编号及批准时间。

（4）变电所级 SCADA 系统操作人员在使用完毕后，需将控制权限转为电调操作，然后退出登录。

六、高压供电绝缘安全工器具安全使用规定

（1）绝缘安全工器具的分类。

绝缘安全用具可分为基本安全用具和辅助安全用具两大类。

①基本安全用具包括：高压绝缘棒、高压验电器（有交流和直流之分）和绝缘挡板等。

②辅助安全用具（当它们用于 1 kV 及以下设备时，可以作为基本安全用具）包括：携带型接地线、绝缘手套、绝缘靴（鞋）、绝缘垫和绝缘台等。

（2）对需要配备绝缘安全工器具的工作场所和工班组，绝缘安全工器具要足额配备且试验合格。

（3）所有安全工器具都必须按使用说明书规定的使用方法使用及进行日常的维护和保养，对超过使用有效期或超周期的工器具严禁使用。

（4）安全工器具在使用过程中必须按一定周期做高压电气试验或定期更换。

课题二　接触网安全工作规程

一、一般规定

（1）所有接触网设备，自第一次受电开始即认定为带电设备，之后，接触网上的一切作业均必须按本规程的各项规定严格执行。

（2）为保证接触网运行和检修作业的安全，对有关人员实行安全等级制度。凡从事接触网运行和检修工作的人员，都必须经过安保部组织的接触网安全等级考试，经考试合格评定其安全等级，取得安全合格证（见图 2-1）后方准许参加相应的接触网运行和检修工作。接触网工作人员安全等级规定见表 2-6。

表 2-6　接触网工作人员安全等级规定

等级	承担工作范围和人员	必须具备的规定
一	承担简单的工作（如推梯车、扶梯子、拉绳），在三级以上人员带领下的辅助性工作	1. 经过教育和学习，初步了解地下铁道作业的基本知识； 2. 了解接触网作业的规定和要求，能进行简单工作的实际操作

续表

等级	承担工作范围和人员	必须具备的规定
二	地面和不拆卸配件的高空作业（如清扫绝缘子、涂号码牌、验电、装设接地线等）	1. 参加接触网运行和检修三个月以上或经实际操作培训3个月以上，具有技工学校或相当于技工学校学历者可以适当缩短； 2. 掌握接触网停电作业一般安全知识和技能； 3. 掌握接触网停电作业时接地线的规定和要求，熟悉地面、隧道内防护信号显示方法
三	各种高空作业、隔离开关倒闸作业、防护和巡视人员，倒闸作业、停电作业、验电接地监护人，远离作业的工作领导人，使用绝缘工具处理接触网异物的人员	1. 参加接触网运行和检修工作一年以上，具有技工学校或相当于技工学校学历者可以适当缩短； 2. 熟悉接触网停电作业的有关规定； 3. 具有接触网高空作业技能，能正确使用检修工具、材料和零部件； 4. 具有电客车运行的基本知识，熟悉作业区防护规定； 5. 会进行触电急救
四	各种停电作业的工作票填票人及工作领导人、工班长	1. 担当三级工作一年以上； 2. 熟悉本规程； 3. 能领导作业组进行各种情况下的停电作业
五	接触网专业工程师、管理接触网专业的行政或技术职务，电力调度员、电力分析工程师	1. 担当四级工作一年以上，技术人员及工班长具有中等专业学校及以上学历（供电专业）者可不受此限制； 2. 熟悉本规程，掌握接触网设备操作使用说明及检修作业程序、接触网主要的检修工艺； 3. 能领导作业组进行各种停电项目作业

（3）对从事接触网运行和检修工作的有关现职人员，要每年由安保部组织一次接触网安全等级考试。此外，对下列人员要事先进行安全等级考试：

①开始参加接触网运行和检修工作的人员。

②当岗位、职务或工作单位变更，但仍从事接触网运行和检修工作的人员。

③连续中断工作三个月以上仍继续担任接触网运行和检修工作的人员。

（4）在进行接触网作业时，作业组全体成员必须戴安全帽，穿防砸鞋，穿工作服，穿上有高可见度的荧光背心，高空作业必须系安全带。工具及安全用具使用前均需进行检查，符合要求方可使用。

（5）接触网工每年进行一次身体检查，对不适合继续从事接触网运行和检修工作的人员要及时进行调整。

（6）雷电时禁止在露天段接触网设备或与露天段相连的接触网设备上进行作业（含停电挂地线的配合施工）。遇有雨、雪、雾、风力5级以上大风等恶劣天气时，隧道外线路一般不进行接触网的检修作业。特殊情况需进行作业时，必须有可靠的安全措施。

（7）对接触网进行检修时必须停电进行，停电作业时，除具备规定的工作票外，还必须有电力调度员批准的作业命令和批准时间。

（8）除遇有危及人身或设备安全的紧急情况时，电力调度发布的倒闸命令可以没有命令编号和批准时间外，接触网所有的作业命令均必须有命令编号和批准时间。

（9）接触网的巡视工作至少要两人一起进行，其中一人的安全等级不能低于三级。巡视需按规定办理相关手续方可进行，在车场内巡视时还必须派人至车场信号楼内进行防护。

（10）在巡视中要穿戴专用的通信工具和防护用品（安全帽、荧光衣、红闪灯、工作鞋），并时刻保持通信畅通。巡视中不得攀登支柱，不得接触高压电缆，并时刻注意避让列车。隧道内巡视必须在接到行调已封闭区间的命令后方可进行。

二、作业制度

1. 工作票制度

（1）检修作业分类。

①停电作业：在接触网停电设备上进行的作业。

②远离作业：在距离接触网带电部分 1 m 以外设备上进行的作业。

远离作业时，作业人员（包括所持的机具、材料、零部件等）任何时候与周围接触网带电设备（直流 1 500 V）的距离必须大于 1 m，否则作业地点周围的带电设备必须停电。

（2）工作票是在接触网上进行作业的书面依据，要字迹清楚、正确，不得涂改和用铅笔书写。

（3）工作票填写一式两份，一份由填票人保管，另一份交给工作领导人。

（4）事故抢修作业时，可以不开工作票，但必须有电力调度的命令，遇有危及人身或设备安全的紧急情况时可以不开工作票，也无须电力调度命令，但事后需立即与电力调度联系。

（5）根据性质不同，工作票分为两种：

①接触网停电作业工作票（见表 2-7）：用于接触网停电作业。

②接触网远离作业工作票（见表 2-8）：用于距带电部分 1 m 及以外的高空作业和较复杂的地面作业。

（6）填票人填写完工作票后一般应在工作前一天将工作票交给工作领导人审核，让工作领导人有足够的时间熟悉工作票中的内容，做好准备工作；工作领导人审核无误后要及时将工作票交由工作票签发人签发；工作票签发后工作领导人需在作业当天规定的时间前将工作票交给值班电调，工作票必须经电调确认后才能作为实施作业的依据。工作票填票人、签发人和工作领导人应由不同的人担任，不得相互兼任。停电作业工作票签发人要求为供电车间主任、分管副主任、接触网工程师或者接触网工长，远离作业工作票签发人为接触网副工长及以上人员。

（7）每次开工前，工作领导人要向作业组全体成员宣读工作票内容，对作业内容进行明确分工，布置安全措施，说明停电区段和带电设备的具体位置。作业结束后，工作领导人要及时收回工作票（附相应的命令票），交给专人统一保管，时间不少于 12 个月。

表 2-7　接触网停电作业工作票

填表单位：　　　　　　　　　　　　　　　　　　　　工作票编号：

作业地点						填票人	
工作内容						发票日期	
工作票有效期	自　　年　　月　　日　　时　　分始至　　年　　月　　日　　时　　分止						
工作领导人	姓名：　　　　（　　）						
作业组成员（安全等级）	（　　）		（　　）		（　　）		（　　）
	（　　）		（　　）		（　　）		（　　）
	（　　）		（　　）		（　　）		共计　　人
需要停电设备							
接地线位置							
作业区防护措施							
针对性安全措施							
变更作业组员记录							
工作票结束时间	年　　月　　日　　时　　分						
工作领导人（签字）				签发人（签字）			
电调确认（签字）			时间：　　年　　月　　日　　时　　分				

表 2-8　接触网远离作业工作票

填表单位：　　　　　　　　　　　　　　　　　　　　工作票编号：

作业地点										填票人	
工作内容										发票日期	
工作票有效期	自　　年　　月　　日　　时　　分始至　　年　　月　　日　　时　　分止										
工作领导人	姓名：　　　　（　　）										
作业组成员	（　）		（　）		（　）		（　）				
	（　）		（　）		（　）		（　）				
	（　）		（　）		（　）		共计　　人				
作业区防护措施											
针对性安全措施											
变更作业组员记录											
工作票结束时间	年　　月　　日　　时　　分										
工作领导人（签字）			签发人（签字）								

（8）工作票的有效期不得超过 48h。

（9）工作票中规定的作业组成员一般不应更换，若必须更换时，应经填票人同意。若填票人不在时可经工作领导人同意，但工作领导人要更换时，仍需经签发人同意，并在工作票上签字。如工作票已报电调确认，还需将更换后的工作领导人报电调确认。

（10）工作领导人或一个作业组，同时只能接一张工作票。一张工作票只能发给一个工作领导人。

（11）对于简单的地面作业项目可以不开工作票，但工作领导人在布置任务时应说明作业的时间、地点、内容及安全措施，并记入班组综合日志中。

2. 作业人员的职责

（1）停电作业的填票人和工作领导人，需由安全等级不低于四级的人员担任。停电检修以外的其他作业，填票人需由安全等级不低于四级的人员担任，工作领导人需由安全等级不低于三级的人员担任。

（2）签发人在审核工作票时，要做好下列事项：

①所安排的作业项目是必要和可行的。

②所采取的安全措施是正确和完备的。

③所配备的工作领导人和作业组成员的人数和条件符合规定。

（3）工作领导人要做好下列事项：

①审核工作票中的作业项目、安全措施和人员情况是否符合相关规定。

②确认作业地点、时间、作业组成员等均符合工作票提出的要求。

③作业前检查工具、材料、劳动保护用品等准备情况，确认作业地点所采取的安全措施正确而完备。

④时刻在场监督作业组成员的作业安全，当必须短时离开作业地点时，要指定临时负责人，其安全等级不低于第（1）条规定，否则需停止作业，并将人员和机具撤离至安全地带。

（4）作业组成员要服从工作领导人的指挥、调动，遵章守纪，对不安全和有疑问的命令要果断及时地提出，坚持安全作业。

3. 作业申请

（1）每次作业前作业组成员需按规定的时间提前到达作业要令车站，由工作领导人或指定一名安全等级不低于三级的作业组成员作为要令人员，在车控室内按《施工管理规则》要求做好相关记录、向行车调度员请点，接触网停电作业时需通过车控室电话与电调联系接触网停电事宜。

（2）向电调申请作业时，要说明停电作业的范围、内容、时间和安全措施等。

（3）电调发布停电作业命令时，受令人需认真复诵，经确认无误后，方可给命令编号和批准时间，在发、受停电命令时，电调要将命令内容等记入作业命令记录中，受令人要将命令内容等记入"接触网停电作业命令票"（见表 2-9）中。

（4）所有作业必须在行车调度员批准后作业组成员才能进入已经封锁的轨行区（车场股道）内，电调发布停电作业命令后才能进行验电接地。

表 2-9　接触网停电作业命令票

接触网工班：　　　　　　　　　　　　　　　　　　　　命令票编号：

命令编号：	批准时间：　年　月　日　时　分			
命令内容：				
要求完成时间：　年　月　日　时　分				
电调：	发令时间：　年　月　日　时　分			受令人：
销令时间：　年　月　日　时　分				
销令人：				电调：

4. 验电接地

（1）作业组在接到停电作业命令后，需先进行验电接地，然后方可作业。

（2）验电和装拆接地线，必须由两人进行，一人操作，一人监护，其安全等级分别不低于二级和三级。操作人员必须戴安全帽和绝缘手套，穿绝缘靴，借助绝缘杆进行。

（3）用验电器验电的顺序是：组装好验电器并检查是否完好，验电器先验声，把验电器的接地端接到牵引回流轨上，再将验电器端头轻靠接触网导体，无响声则为已停电，验电器再次验声。带接地线的验电器在验电时，接地线要和人体保持一定的安全距离，防止高举验电器时接地线碰到带电体，危及人身安全或对地短路放电。

（4）当验明接触网已停电后，需立即在作业点的两端及和作业地点相连可能来电的所有停电设备上装设接地线。

（5）装、拆接地线顺序及要求。

①装设接地线顺序：将接地线的一端先行接到回流轨上，再将另一端紧固在已停电的一根辅助线或一根接触网导线上。

②拆接地线顺序：与装设接地线顺序相反，先拆连接接触网导体端，然后再拆回流轨端。接地线要连接牢固，接触良好。拆装接地线时，不得将接地线接至信号轨或短接两根钢轨。

③装设接地线时，人体不得触及接地线。并检查：接地线采用截面不小于 70 mm^2 的带绝缘套的软铜绞线，并不得有断股、散股和接头，长度与接挂位置适应，连接部分接触可靠。

（6）在钢轨上装接地线前必须确认钢轨为回流轨，并对钢轨进行打磨除锈，确保接触良好。

5. 作业结束

（1）工作票中规定的作业任务完成后，工作领导人确认接触网设备具备送电条件，拆除接地线，将作业人员、机具、材料撤出轨行区（车场股道），确认作业区段具备送电、行车条件后，工作领导人才能通知要令人向电力调度请求消除作业命令。

（2）电力调度员经了解，确认完全达到送电、行车条件后，给予消除停电作业命令的时间，双方均按规定做好记录。

（3）要令人员向电力调度消除停电作业命令后，应立即向行车调度员（车场调度员）请求销点，行车调度员（车场调度员）销点后整个接触网作业方告结束。

6. 高空作业

（1）接触网高空作业必须设专人监护，其监护要求如下：

①停电作业时，每一监护人的监护范围顺线路方向不超过 50 m，在同一组软横跨上作业时不超过连续的 4 条股道，在相邻线路同时进行作业时，要分别派监护人各自监护。

②当停电成批清扫绝缘子时，可视具体情况设置监护人员。

③高空作业要使用专门的工具进行传递工具、零部件和材料等，不得抛掷传递。高空作业人员必须系好安全带。

④高空作业人员不宜位于线索受力方向的反侧，在曲线区段进行接触网悬挂的调整工作时，需采取防止线索滑脱的措施。

（2）攀登支柱前要检查支柱状态，选好攀登方向和条件，攀登时手把牢靠、脚踏稳准。攀登支柱时要尽量避开设备，且与带电设备要保持规定的安全距离。

（3）接触网作业用梯车和梯子必须符合下列要求：

①梯车的车轮必须采取可靠的绝缘措施。

②梯车必须结实、轻便、稳固，其制动装置必须可靠。

③梯车需按规定进行试验。

（4）用梯车进行作业时，推梯车人员不得少于 4 人，工作台上的人员不得超过 2 人，所用的零件、工具等均不得放置在工作台台面上。推车人员必须服从工作台上人员的指挥，梯车走行速度不得超过 5 km/h，并不得发生冲击和急剧起、停车，工作台上人员和推车人员要呼唤应答，配合妥当。

（5）工作领导人和推梯人员要时刻注意和保持梯车的稳定状态，在曲线和大风天气作业时，应采取防止倾倒措施；在坡道作业时采取用刹车等防滑移的措施。当梯车放在道床、路肩上或作业人员超出工作台范围作业时，作业人员要将安全带系在接触网上，不得系在工作台框架上。梯车平台上有作业人员时，严禁跨股道（道岔）或者在地面移动梯车。

（6）当用梯子作业时，作业人员要先检查梯子是否牢靠；要有专人扶梯，梯脚要放稳固，严防滑移；梯子上部固定好后方可作业，梯子上只准有一个人作业。雨雪冰冻等天气条件下，接触网作业用的车梯、梯子以及检修车都应有防滑措施。梯车、梯子作业完毕后，应存放在固定地点或安全可靠的地方，并加固以防止倾倒及侵入限界。

7. 作业车平台工作

（1）平台作业人员穿戴好防护用品做好准备，当接到工作领导人可以进行作业的命令后，由专人打开通向作业平台梯子的安全防护板，方可攀登到作业平台上，作业所需料具需用绝缘绳起吊到作业平台上，严禁抛掷料具。

（2）作业前工作领导人要检查接触网轨道车作业平台与司机室之间的联系方式是否畅通。

（3）作业人员与司机之间的信息传递应及时、准确、清楚，执行时要呼唤应答，作业中司机应听从工作台上负责人的指挥，作业平台上有人时，移动速度不得超过 10 km/h，且不得急剧起、停车。动车和操作工作平台时，工作平台上负责人必须通知工作台上的所有作业人员。

（4）作业车移动或作业平台升降回转时，作业平台上所有人员应站稳抓牢，作业平台上人员需互相提醒及时躲避可能会刮碰到人体的接触网设备。作业车移动或作业平台升降回转时，严禁作业人员攀登梯子。如有人上下作业平台，需提前征得作业平台负责人同意，所有人员禁止从未封锁线路侧上、下作业车。

（5）当作业车停在带电的接触网下时，严禁作业平台升起，同时严禁作业平台上有人。

（6）作业平台不得超载，回转中心不大于 1 000 kg，前端不大于 300 kg。

（7）为防止检修作业车作业平台侵入未封锁线路的限界，作业平台严禁向未封锁的线路侧旋转。

（8）撤离作业平台时，由专人将工作台周围的防护栏恢复，将作业平台梯子的安全防护栏锁闭。

（9）作业机构的扳动工作只允许一个一个地按顺序操纵，不准同时操纵两个以上机构的动作。

（10）工作结束，人员撤离平台后，由专人在作业平台的梯子上悬挂"高压危险"警示牌，严禁人员再次上下平台。

8. 隔离开关倒闸作业

（1）作业人员需进行隔离开关倒闸时，必须有电调的命令（或车调的许可）。从事隔离开关倒闸作业人员，其安全等级不得低于三级。倒闸作业应由两人进行，一人监护一人操作。凡操作权限属于车辆中心的隔离开关，由车辆中心根据隔离开关设备特点和本规程所规定的隔离开关倒闸作业原则制定操作细则。接触网工区和其他专业需分、合该类隔离开关时，需由接触网专业人员按该车场运作手册有关规定向车场调度员办理申请和许可手续。凡操作权限属于电力调度的隔离开关，由电调发布隔离开关倒闸作业命令，申请倒闸作业命令的操作人员负责操作。

（2）在进行操作权限属于电调的隔离开关倒闸作业前，先由监护人员向电调提出申请，电调审查后，发布隔离开关倒闸作业命令，监护人受令复诵并填写"隔离开关倒闸作业命令票"，电调确认无误后给予命令编号和批准时间。

（3）监护人员接到倒闸命令后，要根据"隔离开关倒闸作业命令票"（见图 2-2）记录的内容和顺序监护操作人逐项进行操作和确认，操作时监护人员和操作人员要逐项手比眼看、复诵确认。

（4）倒闸作业完成后，倒闸人员要检查开关分合闸状态，有接地刀的一并检查接地刀的状态。倒闸操作完毕无误后，操作人员要立即向电调汇报，电调要及时发布完成时间，监护人员填入"隔离开关倒闸作业命令票"中，至此隔离开关倒闸作业方告结束。

隔离开关倒闸作业命令票

1. 把_____车站（区间）_____上/下行（车场股道）第_____号隔离开关_____（闭合或断开）；

2. 再将_____车站（区间）_____上/下行（车场股道）第_____号隔离开关_____（闭合或断开）。

电调_____ 操作人/监护人_____

命令编号：_____ 批准时间：_____年_____月_____日_____时_____分

根据第_____号倒闸作业命令，已完成下列倒闸：

1. _____车站（区间）_____上/下行（车场股道）第_____号隔离开关已于_____时_____分（闭合或断开）；

2. _____车站（区间）_____上/下行（车场股道）第_____号隔离开关已于_____时_____分（闭合或断开）。

操作人员/监护人员_____ 电调_____

完成时间：_____年_____月_____日_____时_____分

图 2-2　隔离开关倒闸作业命令票

（5）隔离开关倒闸时操作人员必须戴安全帽和绝缘手套、穿绝缘靴，监护人员必须戴安全帽、穿绝缘靴；操作隔离开关时要准确迅速，一次开闭到底，中途不得停留和发生冲击；严禁带负荷进行隔离开关倒闸作业。

（6）各隔离开关的传动机构必须加锁，钥匙存放在固定地点，由专人保管并有标签注明开关号码。

（7）手动隔离开关操作机构钥匙不得相互通用。

9. 处理接触网上异物

（1）接触网工、车站站务人员、电客车司机，处理缠挂在接触网设备上的异物时一般可以不开工作票、不停电，但必须一人操作、一人监护，且两人安全等级均不得低于三级。地下段接触网上异物为金属物等可导电材料时，必须待接触网停电后由供电专业人员处理。

（2）作业人员在进入轨行区处理异物前必须向行车调度员请点，行车调度员批准后作业人员才能进入已经封锁的轨行区内。

（3）处理异物所用绝缘工具严格按照要求管理和操作。

（4）处理异物时操作人员必须戴安全帽和护目镜、穿绝缘靴、戴绝缘手套，监护人员必须戴安全帽、穿绝缘靴，操作人员、监护人员与接触网设备间必须时刻保持 1 m 以上的安全距离（不含绝缘工具）。

（5）处理完接触网上异物后作业人员需及时向行车调度员（车场调度员）销点。

10. 隧道内作业

（1）施工人员配备齐全的安全生产用品（安全帽、工作鞋、绝缘手套、防护口罩、荧光衣等），所有施工人员必须戴安全帽，特殊工种按规定带好防护用品，进入隧道前必须检查照明设备是否齐全、状态是否良好。

（2）隧道内作业过程中应及时联系环调，确保通风良好。

（3）隧道工程车走行时要注意隧道顶部悬吊部件，人员要及时避让。

（4）作业人员严禁在隧道中抽烟。

（5）动火作业要先办理动火许可证，作业前由工作领导人做好安全教育，并做好排烟、防粉尘措施，临时配备足够数量的消防器材。

11. 作业区行车防护

（1）在停电的线路上进行接触网检修作业时，除对有关区间、车站办理封锁手续外，还必须按照《维修施工管理规则》做好防护措施。

（2）防护人员在执行任务时，要思想集中，坚守岗位，履行职责，要认真、及时、准确地进行联系和显示各种信号。一旦中断联系，必须立即通知工作领导人，必要时停止作业。防护人员的安全等级不低于三级。

三、事故抢修

（1）各种接触网事故的抢修，应根据不同事故发生的具体情况采取针对性的、有效的安全防护措施，在设调统一指挥下开展抢修工作。

（2）当遇到接触网断线事故时，最先到达现场的人员必须采取防护措施，任何人在装设接地线以前不得进入距断线落下 10 m 以内的地方。

（3）事故抢修时，虽然事故的设备已经停电，但必须按"停电作业"的规定办理停电作业命令，经过验电接地后，方可对接触网故障的设备进行抢修。

（4）在事故抢修中，如遇通信联系中断时，应设法通过其他途径与控制中心进行联系，但是在抢修时必须采取下列措施：

①做好施工区域的安全防护措施。

②断开接触网有关隔离开关并加锁，必要时派人看守。

③按规定装设接地线并派专人看守。

四、受力工具和绝缘工具

（1）各种受力工具和绝缘工具应有合格证并定期进行试验，做好记录，禁止使用试验不合格或超过试验周期的工具。

（2）各工区应指定专人负责本部门内受力工具和绝缘工具的编号、登记、整理，并监督按规定试验和正确使用。与试验记录对应的受力工具和绝缘工具上应有统一规定的编号标记。

（3）绝缘工具应具有良好的绝缘性、绝缘稳定性和足够的机械强度，轻便灵活，便于搬运。

（4）绝缘工具应按下列要求进行试验：

①新购、制作（或大修）后，在第一次投入使用前应进行机械和电气强度试验。

②使用中的绝缘工具要定期进行试验。

③绝缘工具的机电性能发生损伤或对其怀疑时，进行相应的试验。

④绝缘工具的机械强度试验应在组装状态下进行，绝缘工具的电气强度试验一般在机械强度试验合格后进行。

(5) 绝缘工具材质的电气强度不得小于 3 kV/cm，绝缘杆等其有效长度大于 1 000 mm，特殊情况下不得小于 700 mm。

(6) 绝缘工具每次使用前，需认真检查有无损坏、是否试验合格并处于有效期内，使用前应用清洁干燥的抹布擦拭有效绝缘部分。

(7) 绝缘工具要放在专用的工具室（柜）内，室内要保持清洁、干燥、通风良好。对绝缘工具要有防潮措施。

(8) 绝缘工具在运输和使用中要经常保持清洁干燥，切勿损伤。使用管材制作的绝缘工具，其管口要密封。

【案例一】

擅自改变安全措施带电作业无人监护导致触电死亡

一、事故经过

1967 年 2 月 20 日，变电工区在黄旗屯变电所进行带电断开避雷器隔离开关电源侧引线再装上止挡的工作。签发了第二种带电工作票，工作进行中工作负责人和工作组人员研究，认为该组避雷器隔离开关 B、C 相距离满足了 0.4 m 的带电作业安全距离，决定不拆除 B、C 相开关引线。工作人员董××独自一人在梯子上拆 C 相角铁后，忘记了该相隔离开关电源引线没有拆断，习惯性地顺手合上隔离开关杆导致其触电，从梯子上摔下死亡。

二、事故原因及教训

(1) 工作负责人擅自改变工作票所列安全措施，违反了"严格执行工作票所列安全措施"的规定。

(2) 单人作业，失去了监护，违反了"带电作业必须设专责监护人"的规定。

【案例二】

工作票签发错误工作票签发人直接参加作业触电死亡

一、事故经过

1977 年 5 月 1 日，××供电所在更换 10 kV 建设线 4 号杆 B 相针式绝缘子工作的（此杆为双回线，上排为建设线，下排为天津线）颜××（专责技术员、工作票签发人），采用绝缘斗臂车等电位方法作业，在拆开被换针式绝缘子的绑线后，用左肩扛导线，用右手取被换针式绝缘子时，右手触及铁横担，造成弧光接地触电，经抢救无效死亡。

二、事故原因及教训

(1) 工作票签发错误。一是针式绝缘子损坏为一般缺陷，没有带电更换的必要性；二是此杆为双回 10 kV 线路，双横担固定，线间距离小，不具备等电位作业条件，作业没有安全性。

(2) 工作负责人直接参加作业，没有制止其违章行为，违反了工作监护制度。

(3) 工作人员未经带电作业实际操作培训，不具备等电位作业技能。

【案例三】

工作负责人无票自行作业触电死亡

一、事故经过

2002年8月13日，××供电分公司故障修理班班长娄××，接到10 kV养鱼线81号变压器缺相的故障维修通知到达现场后，在未填写故障修理票，变压器没有停电的情况下，登上变压器台；在未穿绝缘鞋、未戴绝缘手套、未系安全带的情况下，左手抓住变压器台二次铁横担，右手握着带绝缘柄的钳子夹着C相刀身合闸环，合上C相跌落式熔断器。因刀身合得不牢固，使用钳子敲打刀身，刀身自然脱落到娄的右手背上致使其触电身亡。

二、事故原因及教训

(1) 处理变压器二次C相跌落式熔断器时，既没有填用故障修理票，也没填用第二种工作票，进行低压带电作业，违反了"工作票制度"。

(2) 工作负责人自行作业，失去监护，违反了"工作监护制度"。

(3) 没有按规定使用劳动防护用品和安全用具，违反了"作业现场的基本条件"的规定。

思考题

1. 变电（站）所的两种工作票有哪些区别？
2. 接触网（停电）远离作业的具体流程是什么？
3. 高压供电设备检修工作中应注意的安全事项有哪些？
4. 拟填写接触网停电作业工作票和远离工作作业票。

项目三
高压供电设备运行检修规程

能遵守高压供电设备运行检修的相关规定，能完成各种变电设备的巡视与检修。

课题一 运行检修管理规定

城市轨道交通供电设备的运行管理工作分为设备的运行与巡视两部分内容，在运行管理工作中应贯彻"安全第一、预防为主、综合治理"的生产方针，并按照"预防为主、养修并重"的原则，积极采用新技术、新工艺、新材料，按周期、计划、标准对设备进行维修，不断改善高压供电设备的技术状态，提高供电工作质量。

一、运行检修管理组织及有关人员职责

1. 供电车间

城市轨道交通运营分公司供电机电中心设置供电车间，主要负责供电设备的维护、保养、故障处理及抢修等设备保障工作。供电车间维护设备主要包括高压供电系统、接触网和 SCADA 系统。

1）供电车间组织架构

某城市轨道交通某供电车间的组织架构如图 3-1 所示。

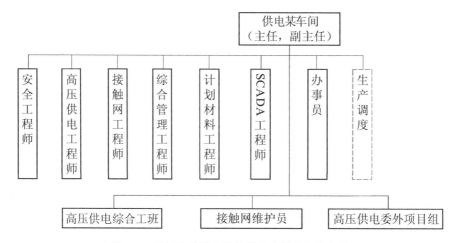

图 3-1 某城市轨道交通某供电车间的组织架构

由图 3-1 可见，城市轨道交通供电车间组织共分为三级：

第一级为车间领导。

第二级由专业技术主办和技术助理组成，变电技术管理人员和接触网管理人员负责相应专业方向设备的运行、维护、检修和抢修作业以及相应的生产管理工作。安全技术助理负责供电车间生产和设备的安全管理工作。其他人员负责车间的安全、计划、调度、物资管理工作。

第三级为工班组，负责管辖范围内的具体生产工作。

2）供电车间人员职责

城市轨道交通供电系统运行检修管理供电车间有关人员的职责如下：

（1）供电机电中心负责贯彻执行上级的有关规章、制度和标准，适时补充制定与修改与高压供电设备相关的技术标准、管理标准和工作标准。

（2）供电车间负责编制高压供电专业检修计划并负责组织实施，组织做好日常运行检修工作。

（3）供电车间应组织员工学习本标准，定期检查分析高压供电设备运行状态，组织检查设备检修质量，确保高压供电设备的安全可靠。

（4）供电车间主任是高压供电设备运行检修的第一负责人，高压供电综合工班工长为高压供电设备运行检修的现场第一负责人。

（5）高压供电工程师负责高压供电设备的运行、维护、检修管理等工作；综合工班工长负责领导班组及维保人员，及时完成高压供电设备的值守、巡视、维护、检修、预防性试验等工作，并对工作的安全、质量及计划执行情况进行监督、检查。

（6）班组组员在工长的领导下参与对变电所值守、巡视及设备维护、检修、预防性试验质量的监督、检查工作。

（7）供电车间的生产调度负责生产值班、协助办理工作票、传达布置生产任务等工作。

（8）高压供电专业实行委外维护，由维保单位分别在主变电站及正线指定牵引降压混合变电所设值守点，实行24小时不间断值守。值守人员负责设备巡视、配合处理突发故障，并及时传达和执行电力调度及车间生产调度的命令和通知。

（9）进行运行检修工作前，应组织所有作业人员学习和掌握作业区域内主要设备的技术标准，必要时应携带相关资料。

（10）进行运行、维护、检修、预防性试验等工作时，应严格执行《高压供电安全工作规程》，并做好相关记录。

3）供电车间管理基本要求

（1）树立"以人为本、和谐发展"的管理理念，必须加强对员工的思想教育，调动员工的工作积极性和创新性，创建和谐中心、车间、班组。

（2）在管理过程中实行逐级负责制，层层负责，职责分明，遵守有令必行、有禁必止、有情必报、各司其职、上下步调一致的组织原则。

（3）对违反管理规定的人员执行职责追究，按照中心、车间的绩效考核制度给予相应的考核。

（4）加强员工的安全意识、技能培训，不断提高员工的业务能力。

4）供电车间生产基本要求

（1）设备的运行维修工作，树立以乘客为中心的服务宗旨，坚持"安全第一、预防为主"的生产方针。

（2）设备运行维修执行预防为主、养修并重的原则。

（3）设备的维护保养应采取科学、合理的维护方式。分检修和巡视两个方面：检修包括计划修、临时修、故障修；巡视是指按照巡视计划对设备进行定期的巡视检查。

（4）设备的运行维修工作实行中心、车间、班组三级管理，设备运行维修的工作主要包括设备操作、巡检、保养、维修、故障处理、事故抢修工作。

（5）设备运行维修工作必须实行制度化、规范化、标准化。

（6）设备维修过程中应严格控制维修成本，做到合理安排使用人力、物力。

2. 班组

1）班组及班组的作用

（1）班组是企业生产经营活动的基本活动单位，是企业生命的细胞。

（2）城市轨道交通运输企业的所有生产活动都以班组为基础展开。

（3）班组管理是班组自身所进行的计划、组织、协调、控制、监督和激励等管理活动，其职能在于对班组的人、财、物进行合理组织，有效利用。

（4）班组管理工作的好坏直接关系着企业经营的成败。

2）维修班组架构

维修班组架构如图3-2所示。其各自职责为：

（1）维修班组工长为班组安全生产的第一责任人，统领班组各项任务并按时保质保量完成，确保班组各项建设任务达标。

（2）副工长主要协助工长做好平时的生产工作。

（3）工会小组长接受工长做好平时的生产工作。

（4）安全员协助副工长做好组日常安全管理工作。

（5）材料员协助副工长做好班组材料和工器具管理工作。

（6）技教员协助副工长做好员工的日常教育培训工作。

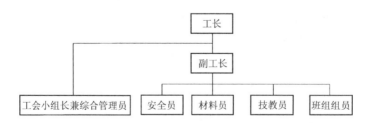

图3-2 维修班组架构

3）班组管理基本原则

（1）安全第一，预防为主原则。

班组生产活动应坚持"安全第一，预防为主"的方针，坚持安全的长期教育，坚持将安全理念教育和生产作业环节相结合，确保人身、设备、行车、消防等安全。

（2）严格管理，以人为本原则。

班组管理工作应做到严而有据，严而有序，并将严格要求、严格考核和人性化管理相结合，确保员工心情愉快、精神饱满地参加各项安全生产工作。

(3)精检细修,质量为根原则。

维修班组应科学地组织实施以计划修为主、临时修和故障修为辅的设备维修模式,按照标准化检修工艺对设备进行维修保养,确保所管理的设备达到最高的性能和质量指标。

二、运行检修管理应配备的文件资料

1. 高压供电工区应配备的文件资料

(1)《高压供电安全工作规程》。
(2)供电系统图。
(3)《高压供电运行、维护、检修规程》。
(4)制造厂提供的各设备使用维护说明书,一次图纸、二次原理图,竣工图、设备保护整定值。
(5)高压供电设备技改技措、大修改造相关资料及图纸变更记录。
(6)高压供电设备台账及技术履历。
(7)高压供电工器具、备品备件及耗材台账。
(8)《电力调度工作手册》《维修施工管理规则》等相关管理规定。
(9)其他与生产相关的技术资料、学习资料等。

2. 工班应具有的巡视、维护、检修、预防性试验原始记录

(1)《主变电站运行日志》《110 kV 电缆巡视记录》《牵引降压混合变电所运行日志》《降压变电所运行日志》《跟随式变电所运行日志》《电缆巡视记录本》。
(2)《外来人员登记表》。
(3)《工器具出入登记表》。
(4)《消防设施巡查记录表》。
(5)《蓄电池测量记录本》(见表3-1)。
(6)《设备缺陷与故障记录本》(表3-2)。
(7)其他高压供电设备巡视、维护、检修、预防性试验记录表。

3. 各 110 kV 主变电站、35 kV 变电所应配备的相关文件资料

表 3-1 蓄电池测量记录本

日期:___年___月___日 时间:___时___分 电池组容量:__Ah 电池组别:Ⅰ□/Ⅱ□
蓄电池组总电压:___V 控母电压:___V 控母电流:___A 室温:___℃

电池项目	1#	2#	3#	4#	5#	6#	7#	8#	9#
电压/V									
内阻/mΩ									
电池项目	10#	11#	12#	13#	14#	15#	16#	17#	18#
电压/V									
内阻/mΩ									

表 3-2 设备缺陷与故障记录

日期	发现人	设备名称及运行编号	缺陷或故障内容	处理措施	处理缺陷负责人	验收人	处理日期

课题二 变电设备的运行巡视规程

一、巡视

1. 巡视的一般要求

（1）巡视检查要按规定的线路进行。

（2）巡视人员应做到人到、心到、位置到，且应看、听、嗅相结合。

（3）巡视时要及时发现设备缺陷和异常现象，并采取相关措施处置，确保安全运行。

（4）巡视时要做好相关记录。设备缺陷与故障记录见表 3-2。

2. 巡视周期

（1）有人值守的变电所，除交接班巡视外，每天至少还应巡视 4 次，每周至少进行 1 次夜间熄灯巡视。

(2）运营时间能进入的区间跟随所，每周巡视应不少于 3 次；运营时间不能进入的区间跟随所，每周巡视应不少于 1 次；其他无人值守的变电所，每天巡视应不少于 2 次。

(3）所内电缆每月至少进行 2 次全面巡视，35 kV 环网电缆及其他轨旁电缆、光缆每季度至少进行 1 次全面巡视。

(4）110 kV 电缆每月至少进行 2 次全面巡视。

(5）遇有下列情况，要适当增加巡视次数：

①设备经过大修、改造或长期停用重新投入系统运行时。

②新安装的设备加入系统运行时。

③遇有雾、雪、大风、雷雨等恶劣天气，事故跳闸和设备运行中有异常和非正常运行时。

④当气温发生剧烈变化（骤冷、骤热）时。

⑤负荷较高影响设备运行时。

⑥室外电缆附近有市政工程施工，可能影响到电缆安全运行时。

⑦法定节假日及上级通知有重要接待任务时。

3．一般巡视项目

(1）绝缘体应清洁，无破损和裂纹，无放电痕迹。

(2）电气连接部分（引线、二次接线等）应连接牢固，接触良好，无锈蚀、过热、断股和散股、过紧或过松。

(3）设备运行声音正常，无异味。

(4）充油设备的油阀、油位、油温、油色应正常，充油、充气设备应无渗漏、喷气现象；充气设备气压和气体状态应正常。

(5）设备安装牢固，无倾斜，外壳无严重锈蚀，接地良好，基础、支架应无严重破损和剥落。设备室和围栏应完好并锁住，安全标识齐全。

(6）接地装置完好，接地回路连接紧固，接地引线无严重锈蚀、断股。

(7）消防设施齐全，电缆等设备安装孔洞的封堵情况完好。

(8）巡视时对非正常模式运行的设备应重点关注有无过热、过负荷等情况。

二、运行

1．主变压器运行

1）运行异常情况

油浸式主变压器运行发生下列情形之一时，应立即停止运行，进行器身检查：

(1）变压器音响很大且不均匀或有爆裂声。

(2）油枕或防爆管喷油。

(3）套管严重破损。

(4）由于漏油使油位不断下降或低于下限。

(5）变压器着火。

(6）重瓦斯保护动作。

(7）因变压器内部故障引起纵差保护动作。

(8) 冷却及油温测量系统正常，但油温较平常相同条件下运行时高出 10 ℃ 以上，或不断上升时。

(9) 油色不正常或油内有碳质等杂物时。

2) 油温要求

110 kV 油浸式主变压器上层油温不许超过 95 ℃，不宜经常超过 85 ℃，额定负荷下上层油温升不允许超过 55 ℃。

3) 过负荷要求

110 kV 油浸式自然循环变压器，其事故过负荷允许时间见表 3-3。

表 3-3 油浸式变压器事故过负荷允许时间

过负荷倍数	环境温度/℃				
	0	10	20	30	40
1.1	24 h	24 h	24 h	19 h	7 h
1.3	23 h	10 h	5 h 30 min	3 h	1 h 30 min
1.5	4 h 45 min	3 h 10 min	2 h	1 h 10 min	35 min
2.0	40 min	22 min	11 min	6 min	—

4) 注意事项

(1) 投运或停运 110 kV 主变压器时，110 kV 侧中性点必须先接地，主变压器投入后及停运后应断开接地开关。

(2) 主变压器瓦斯保护动作后，电调立即通知生产调度并要求值班人员到现场判断故障原因，分析故障性质。

2. 整流变压器运行

(1) 正常条件下整流变压器应在通风良好的情况下运行。

(2) 整流变压器的过负荷能力见表 3-4。

表 3-4 整流变压器的过负荷能力

过负荷情况	100% 额定负荷	150% 额定负荷	300% 额定负荷
持续时间	连续	2 h	1 min

(3) 整流变压器有下列情况时应停电处理：

①变压器内部响声很大，很不均匀。

②变压器绕组温度和铁芯温度不正常，且不断上升。

③由于温度保护动作跳闸。

④套管上有严重破损和放电。

⑤接头严重发热。

(4) 停运的变压器投入运行前，变电所值班人员按照变压器投入运行标准检查变压器及其保护装置并将检查情况报告现场领导人，电调应根据现场领导人汇报的具体情况决定是否送电。

3. 干式变压器运行

（1）干式变压器绝缘等级为 H 级时，绕组最高温升不允许超过 125 ℃（温升 = 绕组温度 – 环境温度），绕组温度不能超过 180 ℃；绝缘等级为 F 级时，绕组最高温升不允许超过 125 ℃，绕组温度不能超过 155 ℃。

（2）干式变压器的绕组温度计一般设置：风机启动 100 ℃，风机停止 80 ℃；绕组报警 130 ℃，绕组跳闸 150 ℃。

4. 电容器运行

电容器装置发生下列情形之一时应立即停止运行，进行检查：

（1）电容器着火。

（2）接头严重过热或熔化。

（3）套管放电闪络。

（4）电容器鼓肚或爆裂。

5. 蓄电池运行

蓄电池环境温度应保持在 10 ℃ ~ 30 ℃ 的范围内，最低温度不得低于 0 ℃，正常情况下，交直流电源系统不允许长期断开交流电源，以免电池过放电。

三、变电设备的巡视内容

1. 主变压器巡视

（1）压力释放阀应无破裂，密封良好。

（2）呼吸器硅胶变色不应超过 60%。

（3）瓦斯继电器内应无气体。

（4）有载调压开关装置机械位置指示与电气位置指示一致。

（5）主变压器正常运行时，110 kV 侧接地开关应在断开位置。

（6）主变压器有无渗漏油，重点关注全部密封部位胶垫处、散热器与本体连接处、全部连接通路蝶阀处。

（7）主变压器油温、绕组温度、油位计等指示正常，在允许范围之内。

（8）110 kV 侧中性点避雷器计数器应正常，与动作记录一致。

（9）进线、出线电缆接头处有无异常发热。

2. 气体绝缘开关柜、组合电器（C – GIS、GIS）巡视

（1）各间隔气室气压表应指示正确，无气压异常信息。

（2）断路器、三位置隔离开关等分合闸状态机械指示与电气指示一致。

（3）断路器储能指示、分合闸计数器指示等应正确。

（4）综合保护装置无异常信号显示。

（5）三相电压、电流显示正常，零序电流显示正常。

（6）检查带电显示装置工作正常。

（7）避雷器泄漏电流在允许范围之内，带有监测装置的放电记录器显示应正常，与记录一致。

（8）正常运行时，"当地/远方"切换开关应在"远方"位，联锁功能应投入。

（9）正常运行时，35 kV 母联开关自投装置"投入/退出"切换开关应在"投入"位。

（10）检查开关柜外壳接地部分良好。

（11）检查用于防潮、防凝露的加热器工作正常。

（12）SF_6 气体泄漏报警装置工作正常，无报警信息。

（13）记录 110 kV GIS 避雷器放电显示器的读数。

3. 电缆及电缆层、电缆沟巡视

（1）电缆沟盖板应齐全、无严重破损，电缆层、电缆沟内无积水、杂物。

（2）电缆外皮无破损、无锈蚀，其裸露部分无损伤。电缆头等电缆附件密封良好，无油胶渗出，无接头过热、放电现象。

（3）电缆接地箱门锁完好，接地箱内接头无过热、放电情况。

（4）电缆无被盗痕迹，电缆桩及标识齐全，字迹清楚。

（5）电缆及电缆支架固定可靠，轨旁、过顶电缆无侵入限界的可能，必要时对电缆进行加固。

（6）检查电缆的敷设路径，覆盖的泥土无下陷和被冲刷的异状。

（7）电缆敷设路径周围无影响电缆安全运行的施工。

（8）电缆支架接地可靠。

（9）检查高架段电缆防护罩是否有裂纹、破损情况。

4. DC1500 V 开关柜（含进线柜、馈线柜、联跳柜、负极柜、钢轨电位限制装置）巡视

（1）开关分合闸状态机械指示与电气指示一致。

（2）进线电压、馈线电压、电流等显示正确。

（3）正常运行时，"当地/远方"切换开关应在"远方"位；相关保护、联跳功能应投入。

（4）加热器工作正常。

（5）综合保护装置无异常信号显示。

（6）负极柜内隔离刀闸分合闸指示正确。

（7）小车位置正确。

5. 整流器巡视

（1）整流器无异声、异味，温度显示正常。

（2）整流元件无过热及放电痕迹，电容器无膨胀和渗油。

（3）交流进线电压、直流输出电压等显示正常。

（4）绝缘子无积尘、破损、裂纹。

6. 干式变压器（含整流变、动力变）、并联电抗器巡视

（1）本体清洁，无放电（需熄灯观察），无凝露。

（2）连接部分应牢固，接触良好。

（3）变压器、电抗器绕组、铁芯运行温度正常。

（4）变压器、电抗器室通风良好。

（5）35 kV 进线电缆头带电显示装置工作正常。

7. 控制室巡视

（1）交流屏交流进线电压、电流显示正常，进线、母联开关位置正常，各负荷开关位置正常。

（2）正常运行时，自投装置"投入/退出"切换开关应在"投入"位。

（3）充电屏充电电流、充电电压显示正常，充电机工作正常，无绝缘报警信号。

（4）直流馈线屏各负荷开关位置正常，直流母线电压显示正常。

（5）蓄电池间连接线安装牢固、接触良好，蓄电池表面清洁，无漏液现象。

（6）蓄电池巡检仪工作正常，各蓄电池电压显示正常。

（7）检查模拟图与实际运行方式相符。

（8）工器具、钥匙齐全。

（9）生产记录、图纸资料齐全。

8. 0.4 kV 开关柜（含有源滤波柜）巡视

（1）开关电流、电压、功率因数等显示正常。

（2）开关柜无异声、异味。

（3）各开关分合闸状态正常，无报警信息。

（4）电缆接头处连接紧固。

（5）自投功能投入。

（6）定期察看有源滤波运行状况、有源电流谐波含量，记录异常情况。

（7）查看有源滤波设备系统时钟的时间，作为历史事件的基准，应保证其准确性。

9. 电力电容器巡视

（1）电容器保护熔断器完好。

（2）各连接端子应紧密不松动，无过热现象。

（3）电容器外壳均应无变形、膨胀及渗漏油现象。

（4）电容器内部无异声。

（5）电容器外部无闪络。

10. 控制、保护及自动装置巡视

（1）检查各类指示仪表正确无误，各控制、保护及自动装置运行正常。

（2）检查监视指示灯正确，无灯泡损坏现象。

（3）检查压板及转换开关的位置与运行要求一致。

（4）检查各种继电器、接触器无异响，线圈无过热烧焦的味道。

（5）用试验按钮检查警铃、蜂鸣器、电笛、信号灯良好。

（6）检查继电器整定值的位置无变动。

11. 无功补偿设备（SVG）巡视

（1）检查室内温度，通风情况，注意室内温度不应超过 40 ℃，并保持室内清洁卫生。

（2）检查 SVG 是否有异常响声，振动是否有异。

（3）检查变压器柜、功率柜滤尘网是否通畅，散热风机运转是否正常。

（4）对照 SVG 主接线上面有功功率、无功功率、无功因数与后台是否一致。

12. 110 kV 架空线巡视

（1）线路沿线情况检查：检查防护区内树木，新建建筑物，施工机械，各种新建通道及管道是否对线路运行产生影响，检查辅助设施有无损坏和失窃。

（2）杆塔检查：检查杆塔倾斜、横担歪斜及各部件的锈蚀和变形情况，检查杆塔各部件的固定情况，检查塔身与基础连接是否良好，检查基础周围土壤有无凸起或沉陷现象，检查基础有无裂痕。

（3）导线与地线检查：检查导线和地线有无断股、损伤和闪络烧伤、腐蚀现象，检查导线弧垂变化，检查塔上、导线、地线上是否有悬挂物。

（4）绝缘子及金具检查：检查绝缘子的污秽情况，检查绝缘子有无裂痕、损伤，检查绝缘子有无闪络或局部放电情况，检查金具有无锈蚀、磨损、裂纹、开焊、松动现象。

（5）防雷和接地设施检查：检查地线的放电间隙有无变化、烧损，检查绝缘地线的跳线间隙和换位处的交叉距离是否满足要求，检查地线、接地引下线、接地网间的连接是否可靠，检查接地引下线是否严重锈蚀、丢失，埋入地下的部分是否外露。

（6）附件及其他部分检查：检查防震锤是否移位、偏斜，钢丝是否断股，检查线路的名称、杆塔号、警告牌、相序牌及防护标志是否完好。

（7）夜间巡视：检查导线、地线有无电晕闪络现象，检查绝缘子有无闪络或局部放电情况，检查绝缘子、金具有无电晕现象，检查绝缘子放电间隙、金具是否有电晕现象。

13. SCADA 系统设备巡视

（1）检查各装置运行正常，信号灯、指示灯收发状态正常。

（2）检查人机界面运行显示正常，监控程序全部正常运行。

（3）检查鼠标、键盘、打印机能正常使用。

（4）检查电铃电笛能正常发声。

（5）通过简报、日志、图形显示及数据库检查站内自动化设备的运行状态，确认设备无离线、各信息量齐全无丢失。

（6）查看主接线图，确认开关位置、软压板与运行方式相符。

（7）检查系统时钟与主站应同步。

课题三 变电设备的维护检修规程

电气设备的定期维护检修分小修和大修，对部分影响行车的重要设备（如整流变压器、整流器、区间电缆等）适当增加了定期保养。

一、维护检修、保养的一般要求

（1）所有电气设备的外壳均应清洁无油垢，工作接地及保护接地良好。维修后应无锈蚀和脱漆，设备镀层也应完好。

（2）所有充油设备的油位、油色均要符合规定，油管路畅通，油位计清洁透明。检修后应不渗油。

（3）金属构架、杆塔和支撑装置维修后应无锈蚀，漆层应完好。钢筋混凝土基础、杆塔、构架应完好，安装牢固，并不得有破损、下沉。

（4）紧固件要固定牢靠，不得松动，并有防松措施，螺纹部分要涂油。

（5）绝缘件应无脏污、裂纹、破损和放电痕迹。

（6）各种引线不得松股、断股，连接要牢固，接触良好，张力适当，相间和对地距离均要符合规定。

（7）各种硬母线连接牢固无变形，无过热现象。

（8）电气设备带电部分距接地部分及相间的距离要符合规定。

（9）维修中所有更新的零部件要达到出厂的标准。所有新换的设备，其设备本身质量及安装质量均要达到新建项目的标准。维修中新设的基础、杆塔、构架和支撑装置要达到新建项目的标准。

（10）设备大修后应按照有关标准进行试验。

二、检修周期及内容

1. 变压器检修

（1）主变压器的修程、检修工作内容及周期见表 3-5。

表 3-5 主变压器检修周期及内容

修程	检修工作内容	周期
小修	1. 检查紧固法兰，受力均匀适当，防爆管密封良好，膜片完整，设备外表卫生清扫	1 年
	2. 检查油枕、油位计工作应正常	
	3. 检查铁芯、夹件、平衡绕组、支架等接地情况应良好	
	4. 检修吸湿器，清扫管道，更换失效的硅胶	
	5. 检查冷却装置，各个管路畅通，风扇电机完好	
	6. 检修瓦斯保护，各接点正常，手动测试动作良好，连接电缆无锈蚀，绝缘良好	
	7. 检查温度计，各零部件和连接线完好，指示应正确，功能正常	
	8. 检查清扫高、低压侧套管，套管无破损	
	9. 安装基础、支撑部件应牢固，导管和引线无异常	
	10. 检查本体的电流互感器，各部件无异常，二次线完好	
	11. 检查有载调压装置，控制部件、接触器、驱动轴动作完好，位置指示正确	
	12. 检查电气连接螺栓应紧固，无过热、松动，清扫电缆套管	
	13. 检修设备连接线及外壳，必要时进行全面除锈涂漆	
	14. 检查中性点接地开关本体、电机、传动轴及控制回路	

续表

修程	检修工作内容	周期
大修	1. 同小修的全部内容 2. 必要时吊芯检修有载调压装置 3. 油的全面送检化验，必要时滤油、换油 4. 解体检修中性点接地开关 5. 检修油枕、散热器、吸湿器装置、油阀等部件 6. 检查外露可拆卸导管，各零部件完好，必要时对导管进行解体检修和试验 7. 有载调压开关的全面检查、试验 8. 瓦斯继电器、温度继电器、油位计等校验	10年

（2）整流变压器的修程、检修工作内容及周期见表3-6。

表3-6　整流变压器的检修周期及内容

修程	检修工作内容	周期
定期保养	1. 设备安装牢固，无倾斜、外壳无严重锈蚀、接地良好，基础、支架应无严重破损剥落，对破损锈蚀等部位应进行防腐处理 2. 电气连接螺栓检查，应紧固，无过热、松动 3. 绕组检查，表面清洁，无积灰、破损变形、放电痕迹，绝缘漆无脱落，三相标识清晰，对绕组进行补漆 4. 无载抽头检查，三相应一致。连接紧固，连接片无生锈、过热、放电痕迹 5. 接地系统检查，外罩（动力变）、底座、箱体和铁芯等均需可靠接地 6. 检查清扫高、低压绕组间的通风道，应无严重积尘 7. 各绝缘子、各支撑件、上部或下部绝缘衬垫块检查清扫，应清洁、无放电痕迹，绝缘衬垫块无破裂、移位松动 8. 检查紧固高压侧连接电缆接头与变压器连接处，紧固电缆	3个月
小修	1. 同定期保养全部内容 2. 检查校验温度保护，各接点正常、动作良好，二次连接电缆无锈蚀，绝缘良好	1年
大修	1. 同小修的全部内容 2. 检修分接抽头，连接良好 3. 全面检修外壳，应无脱漆、锈蚀等 4. 必要时全面检修铁芯线圈 5. 更换不合格的铁芯、线圈测温装置	8年

(3）整流器的修程、检修工作内容及周期见表3-7。

表3-7　整流器的检修周期及内容

修程	检修工作内容	周期
定期保养	1. 清扫柜内设备，检查小馈出开关 2. 检修各零部件和连接线完好，指示应正确 3. 检查柜内金具应无锈蚀 4. 目测控制电源在工作、开门照明灯亮、关门照明灯熄 5. 检查大电流母线有无过热发黑现象、熔断指示件有无跳出、过电压吸收电阻电容有无过热烧焦现象以及电流互感器绝缘包有无过热变色	3个月
小修	1. 同定期保养的全部内容 2. 检查压敏电阻、二极管、电容滤波装置、电压互感器等 3. 检修基础、支撑部件、电缆 4. 检查并紧固柜内一、二次电气连接部分	1年
大修	1. 同小修的全部内容 2. 快速熔断器电阻测量 3. 负载电阻测量 4. 更换不合格的压敏电阻、电容 5. 过电压保护装置测量	10年

（4）动力变压器的修程、检修工作内容及周期见表3-8。

表3-8　动力变压器的检修周期及内容

修程	检修工作内容	周期
小修	1. 设备安装牢固，无倾斜，外壳无严重锈蚀，接地良好，基础、支架应无严重破损剥落，对破损锈蚀等部位应进行防腐处理 2. 电气连接螺栓检查，应紧固、无过热、松动 3. 绕组检查，表面清洁，无积灰、破损变形、放电痕迹，绝缘漆无脱落，三相标识清晰，对绕组进行补漆 4. 无载抽头检查，三相应一致，连接紧固、连接片无生锈、过热、放电痕迹 5. 接地系统检查，外罩（动力变）、底座、箱体和铁芯均需可靠接地 6. 检查清扫高、低压绕组间的通风道，应无严重积尘 7. 各绝缘子、各支撑件、上部或下部绝缘衬垫块检查清扫，应清洁、无放电痕迹，绝缘衬垫块无破裂、移位松动 8. 检查紧固高压侧连接电缆接头与变压器连接处，低压侧的母排，过渡线夹 9. 检查校验温度保护，各接点正常、动作良好，二次连接电缆无锈蚀，绝缘良好 10. 电动机检查，运行平稳，无异响、反转。连接电缆无锈蚀，绝缘良好	1年

续表

修程	检修工作内容	周期
大修	1. 同小修的全部内容 2. 检修分接抽头，连接良好 3. 全面检修外壳，应无脱漆、锈蚀等 4. 电机的解体检修及检修后的电气试验 5. 电机直阻、绝缘等测量 6. 必要时全面检修铁芯线圈 7. 必要时更换铁芯、线圈测温装置	8年

2. 交流高压开关柜检修

（1）110 kV GIS 设备的修程、检修工作内容及周期见表 3-9。

表 3-9　110 kV GIS 设备的检修周期及内容

修程	检修工作内容	周期
小修	1. 设备传动部位涂润滑油 2. 检查紧固气压阀门，受力均匀适当，防爆管密封良好 3. 检查 SF_6 检测装置工作情况 4. 检查气体密度继电器，各零部件和连接管完好，指示应正确 5. 检查并清扫就地操作开关柜、测量端子箱内端子排 6. 检修基础和支撑部件，检查设备接地情况 7. 检查金属器件无锈蚀，固定，连接牢靠，接触良好 8. 检查清扫 110 kV 套管 9. 对断路器、隔离开关、接地开关进行手动分、合闸操作，联锁试验操作 10. 检查断路器油泵运转情况，无漏油 11. 二次设备信号核对 12. 开关动作，保护跳闸检查 13. 检查各电源回路，控制回路，控制电机等二次设备 14. 检测柜内加热器工作情况	1年
大修	1. 同小修的全部内容 2. 必要时检修设备连接母线 3. 检查套管，各零部件完好，必要时对套管进行解体检修和试验 4. 检查 110 kV 电缆头，并进行相关试验 5. 必要时打磨或更换动静触头 6. 检修外壳及附件箱壳无变形，内外漆膜完好	

续表

修程	检修工作内容	周期
大修	7. 校验气体密度继电器，气体密度继电器安装牢固，指示应正确，轴封完好严密	10年
	8. 检修液压操作系统，杂质多时应及时清理和换油	
	9. 检查试验密封情况，必要时将气室抽真空，充SF_6气体	
	10. 刀闸操作机构检查	
	11. 操作机构电机解体检查或更换，并加润滑油	
	12. 检修架构及支撑装置，并全面除锈涂漆	
	13. 检查校验快速接地开关动作时间	

（2）35 kV GIS 开关柜的修程、检修工作内容及周期见表 3-10。

表 3-10　35 kV GIS 开关柜的检修周期及内容

修程	检修工作内容	周期
小修	1. 电气、机械连接部分应连接牢固，接触良好	1年
	2. 设备安装牢固，无倾斜，外壳无严重锈蚀，接地良好，基础、支架应无严重破损剥落	
	3. 检查设备房通风口应无异物	
	4. 全面检修外壳，应无脱漆、锈蚀等	
	5. 检查柜体接地、避雷器引线接地等接地系统	
	6. 对断路器、三工位开关操作机构进行手动、电动操作，操作机构应工作正常，动作指示应正确	
	7. 电流、电压互感器二次侧接线检查，连接应紧固，接地可靠	
	8. 柜内金具检查、除锈，对开关的有关传动部位进行润滑	
	9. 机械、电气联锁功能正常	
	10. 检查各气室压力符合规定	
	11. 进行 CB 手动跳、合闸操作，检查弹簧储能、机械分合闸回路。储能电机应运转正常，无异常声响	
	12. 避雷器引线固定牢靠、整齐，无腐蚀；底座、基础等安装牢固、整齐，无生锈	
	13. 断路器计数器工作正常	
	14. 法兰受力均匀适当，防爆膜密封良好，膜片完整	

续表

修程	检修工作内容	周期
大修	1. 同小修的全部内容 2. 检修外壳及附件箱壳应无变形，内外漆膜应完好 3. 必要时对真空泡进行解体检修和试验 4. 校验气体密度继电器，表计安装应牢固，指示应正确，轴封应完好严密 5. 必要时对断路器、隔离/接地开关操作机构进行解体检修。检查机构传动部分、辅助开关、行程开关等工作情况 6. 检查试验密封情况，必要时将气室抽真空，充 SF_6 气体	10 年

3. 电缆检修

（1）110 kV 电力电缆的修程、检修工作内容及周期见表 3-11。

表 3-11　110 kV 电力电缆的检修周期及内容

修程	检修工作内容	周期
小修	1. 电缆排列应整齐、固定牢靠，且不受张力 2. 检查铠装无松散，无严重锈蚀和断裂，弯曲半径符合规定，电缆外露部分保护管应完整无损，且固定牢靠 3. 清扫检查电缆沟，支架应完好，固定牢靠不锈蚀，电缆盖板齐全无破损 4. 必要时，进行电缆沟白蚁防治 5. 电缆接地部分接地应良好 6. 电缆桩及标识齐全，字迹清楚 7. 电缆沟通向室内的入口处应有完好的防止小动物的措施 8. 涂刷防腐剂、防火漆、防火墙、保护管等应完整无损 9. 检查电缆的铺设路径，覆盖的泥土无下陷和被水冲刷的异状	1 年
大修	1. 同小修全部内容 2. 整修电缆桩和标示牌，清理电缆沟内污泥、杂物等，更换不合标准的盖板 3. 更换锈蚀严重的电缆支架 4. 对电缆互联箱、直联头、电缆附件、接线盒、引线等进行全面检查，必要时更换中间头、终端头等电缆附件	10 年

（2）110 kV 主变电站站内电缆、隧道外环网电缆、区间 35 kV 环网电缆、二次电缆、光缆等的修程、检修工作内容及周期见表 3-12。

表3-12 电缆的检修周期及内容

修程	检修工作内容	周期
定期保养	1. 隧道外35 kV环网电缆巡视内容参考110 kV电力电缆	3个月
	2. 检查电缆排列整齐、固定牢靠，且不受张力	
	3. 检查电缆弯曲半径符合规定，电缆外露部分保护管应完整无损，且固定牢靠	
	4. 检查支架应完好，固定牢靠不锈蚀	
	5. 电缆标识牌齐全，字迹清楚	
	6. 更换老化的电缆绑扎带，检查过顶等位置的电缆固定情况，使之无侵入限界的可能	
	7. 电缆及支架接地部分接地良好	
	8. 电缆中间头处有无过热、放电等异常情况	
小修	1. 同定期保养全部内容	1年
	2. 必要时，进行电缆沟白蚁防治	
	3. 检查电缆穿过竖井、墙壁、楼板或进入电气盘、柜的孔洞处，应用防火堵料密实封堵	
	4. 隧道通向电缆层的入口处应有完好的防止小动物的措施	
	5. 检查高架段环网电缆防护罩，必要时更换	
大修	1. 同小修全部内容	10年
	2. 清除电缆上覆盖的碳酸钙等异物	
	3. 更换不合标准的电缆支架	
	4. 对电缆互联箱、直联头、电缆附件、接线盒、引线等进行全面检查，必要时更换中间头、终端头等电缆附件	

（3）35 kV变电所内电缆的修程、检修工作内容及周期见表3-13。

表3-13 35 kV变电所内电缆的检修周期及内容

修程	检修工作内容	周期
小修	1. 检查电缆排列整齐、固定牢靠，且不受张力，更换老化的电缆绑扎带	1年
	2. 检查电缆弯曲半径符合规定，电缆外露部分保护管应完整无损，且固定牢靠	
	3. 检查支架应完好，固定牢靠不锈蚀	
	4. 电缆附件及支架等接地部分接地良好	
	5. 必要时，进行电缆沟白蚁防治	
	6. 检查电缆穿过竖井、墙壁、楼板或进入电气盘、柜的孔洞处，应用防火堵料密实封堵	
	7. 隧道通向电缆层的入口处应有完好的防止小动物的措施	

续表

修程	检修工作内容	周期
大修	1. 同小修全部内容 2. 更换不合标准的电缆支架、桥架 3. 更新不合标准的电缆附件	10年

4. 交流屏检修

（1）交流电源屏的修程、检修工作内容及周期见表3-14。

表3-14　交流电源屏的检修周期及内容

修程	检修工作内容	周期
小修	1. 全面清扫检查绝缘子、仪表、二次线、柜体 2. 检修各零件和连接线完好，指示应正确 3. 检查支撑部件、二次电缆连接良好 4. 检查金属器件无锈蚀，连接牢靠，接触良好 5. 检查保护动作正常，信号显示正常 6. 手动分合闸开关，动作应正常 7. 检修设备连接线及外壳，必要时进行全面除锈涂漆 8. 自投自复功能测试，进线、母联开关闭锁测试应正常，两路交流进线断路器自动切换功能测试应正常	1年
大修	1. 同小修的全部内容 2. 必要时更换小开关、保险、接触器、绝缘子等元器件	8年

（2）直流电源屏、直流充电屏、电池屏（不含蓄电池）的修程、检修工作内容及周期见表3-15。

表3-15　直流电源屏、直流充电屏、电池屏的检修周期及内容

修程	检修工作内容	周期
小修	1. 检查控制回路、开关仪表、充电模块电源切换情况应正常 2. 全面清扫检查绝缘子、仪表、二次线、柜体 3. 直流盘及充电屏绝缘报警功能测试 4. 检查保护动作正常，信号显示正常 5. 主开关检查、整固、除锈、加润滑油 6. 充电模块检查及保养 7. 设备涂油，外壳清扫	1年

续表

修程	检修工作内容	周期
大修	1. 同小修的全部内容 2. 整修基础、构架和接地装置 3. 更换性能差的绝缘子，对所有模块进行精度检测 4. 对充电模块打开进行全面检查，检测输入/输出精度 5. 进行整屏功能测试、绝缘试验等 6. 对主开关保护单元、硅调压调节功能及输出进行精度测试 7. 检修架构及柜体，并全面除锈涂漆	8 年

（3）主变保护屏、公用测控屏、光纤设备屏、光纤配线屏、计量屏、UPS 屏的修程、检修工作内容及周期见表 3-16。

表 3-16 设备组屏的检修周期及内容

修程	检修工作内容	周期
小修	1. 检修各零部件和连接线完好，指示应正确 2. 检修基础、支撑部件、电缆、柜体 3. 检查金具无锈蚀，连接牢靠，接触良好 4. 检查柜内照明灯具、继电器、仪表、配线、端子排、连片 5. 检查标志，信号齐全，应正确清楚 6. 电气连接螺栓检查，应紧固、无过热、松动 7. UPS 功能检查 8. 110 kV 侧电度表按供电公司和技调部规定进行定期送检 9. 非电量操作箱及非电量保护动作测试、校验等	1 年
大修	1. 同小修的全部内容 2. 更换不合标准的开关、继电器、仪表和绝缘子，更新配线、端子排，对部分产品进行升级 3. 检修外壳、架构及柜体，并全面除锈涂漆 4. 必要时更换继电保护装置及相关二次设备	8 年

5．蓄电池检修

蓄电池（含 UPS 蓄电池、所用电系统蓄电池）的修程、检修工作内容及周期见表 3-17。

表 3-17 蓄电池的检修周期及内容

修程	检修工作内容	周期
小修	1. 检查各连片，必要时洗拭电池表面 2. 清洗蓄电池端子、支架 3. 检查通风装置 4. 处理个别落后的电池，更新不合标准的蓄电池，更新支架、母线和不合标准的元件 5. 对柜内锈蚀部分进行防腐处理 6. 整修基础、构架和接地装置 7. 进行核对性放电	1年
大修	同小修的全部内容	5年

6. 接地电阻柜检修

接地电阻柜的修程、工作内容及其周期见表 3-18。

表 3-18 接地电阻柜的检修周期及内容

修程	检修工作内容	周期
小修	1. 柜体、绝缘子、电阻、二次端子等清扫 2. 检查电阻材料，不应有生锈现象 3. 检查电气连接部分连接应牢固，接地侧接地良好 4. 检查接地电阻的电阻值 5. 检查电阻柜内的电流互感器接线良好 6. 对电阻柜进行绝缘测试	1年
大修	1. 同小修全部内容 2. 必要时更换电阻 3. 必要时更换电流互感器 4. 更换不合格的绝缘子	8年

7. 有源滤波设备

有源滤波设备的检修修程、内容及其周期见表 3-19。

表 3-19 有源滤波设备的检修周期及内容

修程	检修工作内容	周期
小修	1. 调整触摸屏系统时钟 2. 若时钟明显变慢或开机后系统时间恢复到初始值，更换时钟备用电池 3. 触摸屏校准 4. 保持设备周围环境的清洁与通风，清理设备通风口和设备内的积尘	1年
大修	1. 同小修的全部内容 2. 更换不能满足运行要求的风机、风扇	5年

8. 直流开关柜检修

（1）DC 1 500 V 断路器、柜体及端子柜的修程、检修工作内容及周期见表 3-20。

表 3-20 直流开关柜的检修周期及内容

修程	检修工作内容	周期
小修	1. 检查一次电气连接螺栓，应紧固、无过热、松动，紧固力矩符合要求。电气连接部分应无明显放电情况 2. 在运行位的开关一次连接可靠，在试验位的开关制动稳定，信号显示应正确 3. 检查断路器动静触头、两极、火花避雷器、外角板及隔板等损耗情况，并进行打磨、清扫 4. 开关电动、手动分合闸操作各3次，查看传动部分应无卡滞 5. 在断路器上各传动部位及手车柜体上与小车推进有关的滑动、滚动部位涂抹润滑油 6. 测量框架对地绝缘 7. 将小车在运行位、试验位、隔离位转换，观察运转是否灵活，观察柜后活门系统应正常 8. 航空插头检查 9. 检查避雷器连接部分，紧固、接地应可靠 10. 按照说明书要求，调整开关本体触头开距、行程、超行程及操作机构各部间隙，使之符合规定 11. 按照说明书要求，测量断路器触头合闸后结构间隙宽度 W 值，符合规定 12. 检查手动紧急分闸应正常 13. 检查直流1 500 V母排、负极小母排固定螺栓紧固，一次触头的接触部位涂抹凡士林 14. 检查柜内绝缘子裙边有无破损、老化开裂、放电痕迹 15. 以手按压测试继电器、接触器动作应正常，接点动作到位 16. 大电流脱扣定值检查 17. 对断路器及附属装置进行局部防腐处理	6个月

续表

修程	检修工作内容	周期
大修	1. 同小修的全部内容 2. 解体检修断路器内部，检查电气、机械传动 3. 必要时更换航空插座，检修二次回路，更换端子排 4. 检修外壳及附件箱壳无变形，内外漆膜完好 5. 检查导体，各零部件完好，必要时对灭弧装置进行解体检修和试验 6. 安装水平度检查 7. 必要时更换极板、金属条、拨叉、角板等零部件 8. 更换不符合要求的绝缘子 9. 检修灭弧罩、断路器触头，必要时更换	10年

(2) DC 1 500 V 负极柜的修程、检修工作内容及周期见表3-21。

表3-21　负极柜的检修周期及内容

修程	检修工作内容	周期
小修	1. 检查一次电气连接螺栓，应紧固，无异常发热、松动，紧固力矩符合要求，无明显放电和电晕痕迹 2. 动触头及连接排清扫，在动触头及传动部位上涂润滑油 3. 操作连杆检查 4. 机械闭锁装置检查 5. 电气、机械分合闸信号显示、指示应正确。手动、电动分闸、合闸检查转动灵活，联锁、限位器动作良好，调整行程、间距 6. 检修基础及支撑部件、引线 7. 以手按压继电器试验按钮检验继电器动作有无卡滞，接点动作应正常 8. 检查金具无锈蚀，固定、连接牢靠，接触良好	6个月
大修	1. 同小修全部内容 2. 解体检修隔离开关触头和操作机构，按工艺重新装配调整 3. 检查辅助开关的动作情况，必要时进行更换 4. 检修构架及支撑装置，并全面除锈涂漆 5. 测量隔离开关的接触电阻，打磨隔离开关动静触头 6. 全面检修外壳，应无脱漆、锈蚀等 7. 更换绝缘子、辅助接点等老化元件。必要时解体检修触头、操作机构，工艺进行装配和调整	10年

（3）轨电位限制装置的修程、检修工作内容及周期见表 3-22。

表 3-22 轨电位限制装置的检修周期及内容

修程	检修工作内容	周期
小修	1. 目测设备安装牢固，无倾斜，壳无严重锈蚀，接地良好，基础、支架应无严重破损剥落 2. 检查端子排接线应牢固 3. 一次电气连接螺栓检查，应紧固，无异常发热、松动 4. 电压采样线、电流采样线应接触良好，整流器无异常 5. 检查清扫绝缘子、构架、柜体 6. 试验轨电位限制装置功能（U＞、U＞＞、U＞＞＞、U＜），并检查接触器	6 个月
大修	1. 同小修的全部内容 2. 更换不合格的绝缘子、零部件、分流电阻、电压采样线等元件 3. 检测接触器触头，不符合要求的应进行更换 4. 全面检修外壳，应无脱漆、锈蚀等	10 年

9. 接地系统检修

接地系统的修程、检修工作内容及周期见表 3-23。

表 3-23 接地系统的检修周期及内容

修程	检修工作内容	周期
小修	1. 检查并紧固电气连接部分，涂抹凡士林 2. 检修基础、支撑部件、导管和引线 3. 清扫检查接地母排及其支撑绝缘子 4. 检查接地干线，对脱漆部分进行防腐处理 5. 雷雨前集中进行接地系统测试 6. 检查接地装置有无缺失 7. 检查地面上和电缆沟内的接地线，接地端子	1 年
大修	1. 同小修的全部内容 2. 更新不合标准的接地母线、母排，更新绝缘子 3. 整修基础、构架和接地装置 4. 更换老化严重的接地电缆，对接地干线进行全面检查并做防腐处理 5. 测试接地网接地电阻值，对不合标准的接地网重新埋设	10 年

10. 排流柜检修

排流柜的修程、检修工作内容及周期见表 3-24。

表 3-24　排流柜的检修周期及内容

修程	检修工作内容	周期
小修	1. 柜体内部灰尘的清扫 2. 检查柜体、柜内金具、电缆接头有无锈蚀，对锈蚀部分进行防腐处理 3. 检查和柜体连接的接地线，应接触良好 4. 检查柜内二极管有无裂纹 5. 检查柜内相关传感器接线紧固情况 6. 在转动部分涂润滑油 7. 检查并紧固柜内一、二次电气连接部分 8. 检查柜内接触器及辅助开关工作应正常	1 年
大修	1. 同小修全部内容 2. 更换不合格的二极管 3. 对传感器进行检测 4. 更换不合格的辅助开关、接触器等 5. 检测接触器的接触电阻	10 年

11. 400 V 开关柜检修

400 V 开关柜的修程、检修工作内容及周期见表 3-25。

表 3-25　400 V 开关柜的检修周期及内容

修程	检修工作内容	周期
小修	1. 自投功能测试 2. 框架开关操作性能、绝缘性能、接触性能、储能机构检测 3. 抽屉开关操作性能、接触性能检测 4. 各按钮、指示灯检查更换 5. 电压回路熔断器检测 6. 二次线及端子清扫、紧固等检修保养 7. 开关触头检测，分合闸线圈电阻测试 8. 对开关导轨及活动部件加润滑油 9. 检查母排绝缘性能，绝缘应无损伤，母排连接紧固 10. 断路器整定值核对	1 年
大修	1. 同小修全部内容 2. 互感器校验、测试、断路器触头及灭弧罩清理 3. 表计校验、测试 4. 必要时，更换保险管、抽屉柜、导轨	8 年

续表

修程	检修工作内容	周期
大修	5. 抽屉柜导轨位置调整，更换磨损变形的导轨等 6. 对框架开关进行解体检修，并按工艺进行装配 7. 断路器合闸同期性及接触电阻检测	8 年

12. 保护装置检修

保护装置的检修包括：主变压器差动保护，主变高、低压侧后备保护，交流 35 kV 开关柜差动保护，综合继电保护装置，直流 1 500 V 开关柜保护，轨电位限制装置保护装置，框架保护装置、0.4 kV 框架开关保护等，其修程、检修工作内容及周期见表 3-26。

表 3-26　保护装置的检修周期及内容

修程	检修工作内容	周期
小修	1. 电气连接部分应牢固，接触良好 2. 检查二次回路的连接应良好 3. 检验继电器的机械特性及电气特性，应无卡滞，动作灵敏 4. 测量继电器的动作值、返回值、延时时间等应符合要求 5. 整组动作试验，记录联跳情况 6. 检查电压互感器、电流互感器安装情况，应无接线松动 7. 设备安装牢固，接地良好，基础、支架应无严重破损剥落 8. 检查保护功能应无多投、漏投、定值设错等情况 9. 各开关保护装置应用文件备份 10. 检查保护压板投入情况 11. 检查信号显示正常 12. 检查各设备间闭锁、联锁功能应正常	2 年
大修	1. 同小修全部内容 2. 必要时更换继电保护装置	8 年

13. SVG 设备

SVG 设备的修程、检修工作内容及周期见表 3-27。

表 3-27　SVG 设备的检修周期及内容

修程	检修工作内容	周期
小修	1. 用吸尘器对电路板、风道上的粉尘进行一次全面的清扫	半年
	2. 对变压器、充电柜所有进出线电缆，功率单元进出线电缆紧固一遍，确保电缆无松动，无灼伤痕迹	
	3. 检查所有电力电缆、控制电缆有无损伤，电力电缆冷压端子是否松动，高压绝缘热缩管是否松动	1年
	4. 检查滤波电容无漏液、变色、裂纹及膨胀	
	5. 检查印制电路板连接无松动、异味或变色，无裂纹、破损、变形及腐蚀	
	6. 检查散热风机无杂物靠近，无异常振动或声音	
大修	1. 同小修全部内容	5年
	2. 必要时更换冷却风机（使用寿命为 3 万～4 万 h）	

14. 110 kV 架空线路

110 kV 架空线路的修程、检修工作内容及周期见表 3-28。

表 3-28　110 kV 架空线路的检修周期及内容

修程	检修工作内容	周期
小修	1. 刷写线路名称、杆塔编号及相位颜色	6个月
	2. 增换线路上必需的标识牌和警告牌	
	3. 修剪导线下方的树枝，清除线路上的抛绕物，拆除塔上杂物	
	4. 修补接地装置，对接地线外露的填土埋设	
	5. 检查并修补横担，对横担进行防腐处理	
	6. 检查并修补导线和架空地线	
	7. 增补和更换金具的销钉、螺母等组件	
	8. 修补和更换吊杆、拉线棒、拉线，并作防腐处理	
	9. 更换和检查导线连接器	1年
	10. 加固杆塔基础与拉线基础，构筑保持基础的挡土墙或护坡	
	11. 更换、清洗和检查绝缘子	
大修	1. 同小修全部内容	5年
	2. 测量杆塔的接地电阻	
	3. 调整倾斜的杆塔	
	4. 绝缘子防止污秽闪络清扫、停电擦拭、带点冲洗和擦拭防污材料	

15. SCADA 系统检修

SCADA 系统的修程、检修工作内容及周期见表 3-29。

表 3-29 SCADA 系统的检修周期及内容

修程	检修工作内容	周期
小修	1. 工控机、控制信号盘内部断电清扫	1 年
	2. 远动屏内部端子排、光纤终端盒等清扫	
	3. 数据、画面维护	
	4. SCADA 系统设备检修	2 年
	5. SCADA 系统功能测试	
	6. SCADA 系统性能测试	
大修	1. SCADA 系统软件、硬件升级维护	4 年
	2. 更换不合格的光纤、模块等	

课题四 试验

一、预防性试验要求

预防性试验的标准是供电系统高压试验工作的基本要求，是判断设备运行状态的重要依据。

（1）一般规定。

①设备试验时，试验结果应与该设备历次试验结果相比较，与同类设备或不同相别的试验结果相比较。参照相关的试验结果，结合试验仪器不同的情况，根据环境情况进行换算，然后进行综合分析和判断，做出正确的结论。

②遇到特殊情况需要延长试验周期、减少试验项目或进行特殊试验时，供电机电中心需报分公司技调部批准执行。对老旧设备，供电机电中心可以根据设备状态自行规定在此标准的基础上缩短试验周期和增加试验项目。

③在试验周期的安排上，宜将同间隔设备调整为相同试验周期。供电机电中心在检修试验工作中可以将同一台设备检修试验工作一起安排进行。

（2）进行耐压试验时，应尽量将连在一起的各种设备分开单独试验。

（3）当电力设备的额定电压与实际使用的额定电压不同时，应根据以下原则确定试验电压：

①当采用额定电压较高的设备以加强绝缘时，应按照设备的额定电压确定其试验电压。

②当采用额定电压较高的设备作为代用时，应按照实际使用的额定电压确定其试验电压。

（4）在进行与温度和湿度有关的各种试验时，应同时测量被试品的温度和周围空气的温度和湿度。在进行试验结果分析时，应考虑被试品温度以及周围空气的温度和湿度对试的影响。

(5) 在进行直流高压试验时,应采用负极性接线。

(6) 110 kV 设备经交接试验后超过 6 个月未投入运行,或运行中设备停运超过 6 个月的,在投运前应进行绝缘项目试验,如测量绝缘电阻、tanδ、绝缘油的水分和击穿电压、绝缘气体湿度等。35 kV 及以下设备按 1 年执行。

(7) 交流耐压试验(50 Hz),加至试验电压后的持续时间,凡无特殊说明者,均为 1 min;其他耐压试验的试验电压施加时间在有关设备的试验要求中规定。充油设备在注油后应有足够的静置时间才可进行耐压试验。静置时间如无制造厂规定,则应依据设备的额定电压满足以下要求:110 kV 及以下大于 24 h。

(8) 有条件进行带电测试或在线监测的设备,应积极开展带电测试或在线检测。当带电测试或在线检测发现问题时,应进行停电试验进一步核实。如经实用证明利用带电测试或在线监测技术能达到停电试验的效果,可以延长停电试验周期或不停电试验,但必须报分公司技调部批准。

(9) 供电机电中心在进行试验时,发现试验结果超出本标准规定值时,应立即向分公司技调部汇报,在没有找到原因和采取可靠措施前,设备不得投入运行。

(10) 供电机电中心应按照本标准积极进行红外测温检测。

(11) 在国家或行业预防性试验或相关标准、规程变动时,执行本标准时做相应调整。

二、预防性试验标准、周期及内容

(1) 110 kV 油浸式电力变压器预防性试验标准、周期及内容见表 3-30。

(2) 变压器油预防性试验标准、周期及内容见表 3-31。

(3) 110 kV 气体组合电器(GIS)预防性试验标准、周期及内容见表 3-32。

(4) SF_6 预防性试验标准、周期及内容见表 3-33。

(5) 110 kV SF_6 电流互感器预防性试验标准、周期及内容见表 3-34。

(6) 110 kV SF_6 电压互感器预防性试验标准、周期及内容见表 3-35。

(7) 110 kV GIS 用避雷器预防性试验标准、周期及内容见表 3-36。

(8) 110 kV、35 kV 交联电缆预防性试验标准、周期及内容见表 3-37。

(9) 110 kV 交联电缆交叉互联系统预防性试验标准、周期及内容见表 3-38。

(10) 35 kV 金属氧化物避雷器预防性试验周期标准、周期及内容见表 3-39。

(11) 35 kV 柜式组合电器(C-GIS)预防性试验标准、周期及内容见表 3-40。

(12) 35 kV 电压、电流互感器预防性试验标准、周期及内容见表 3-41。

(13) 35 kV 干式电抗器预防性试验标准、周期及内容见表 3-42。

(14) 35 kV 干式变压器预防性试验标准、周期及内容见表 3-43。

(15) 1 500 V 直流开关柜预防性试验标准、周期及内容见表 3-44。

(16) 1 500 V 直流橡塑电缆预防性试验标准、周期及内容见表 3-45。

(17) 1 500 V 金属氧化物避雷器预防性试验标准、周期及内容见表 3-46。

(18) 整流器预防性试验标准、周期及内容见表 3-47。

(19) 接地装置预防性试验标准、周期及内容见表 3-48。

(20) 400 V 低压配电装置(含有源滤波)预防性试验标准、周期及内容见表 3-49。

(21)封闭母线预防性试验标准、周期及内容见表 3-50。
(22)一般母线预防性试验标准、周期及内容见表 3-51。
(23)二次回路预防性试验标准、周期及内容见表 3-52。
(25)红外测温预防性试验。

采用表面温度判断法,工具要求用红外热像仪或红外测温枪,凡温度(或温升)超过标准者可根据设备温度超标的程度、设备负荷率的大小、设备的重要性及设备承受机械应力的大小来确定设备缺陷的性质,对在小负荷率下温升超标或承受机械应力较大的设备要从严定性。红外测温预防性试验标准、周期及内容见表 3-53。

(24)SVG 设备预防性试验标准、周期及内容见表 3-54。

表 3-30　110 kV 油浸式电力变压器预防性试验周期及内容

序号	项目	周期	标准	说明
1	绕组绝缘电阻、吸收比或极化指数	1)2 年 2)大修后 3)必要时	1)绝缘电阻换算至同一温度下,与前一次测试结果相比应无明显变化; 2)吸收比(10 ℃~30 ℃范围)不低于 1.3 或极化指数不低于 1	1)采用 2 500 V 或 5 000 V 兆欧表; 2)测量前被试绕组应充分放电; 3)测量温度以顶层油温为准,尽量使每次测量温度相近; 4)尽量在油温低于 50 ℃时测量,不同温度下的电阻值一般可按式换算:$R_2 = R_1 \times 1.5^{(t_1-t_2)/10}$,式中,$R_1$、$R_2$ 分别为 t_1、t_2 温度时的绝缘电阻值; 5)吸收比和极化指数不进行温度换算; 6)封闭式电缆出线或 GIS 出线的变压器,可通过中性点进行试验; 7)该项目内容包括平衡绕组
2	绕组直流电阻	1)2 年 2)大修后 3)必要时	1)各相绕组电阻相互间的差别应不大于三相平均值的 2%,无中性点的绕组,线间差别不应大于三相平均值的 1%; 2)与以前相同部位测得值比较,其变化不应大于 2%	1)如电阻相间差在出厂超过规定,制造厂已说明了这种偏差的原因,按标准中 2)执行; 2)不同温度下的电阻值按下式换算:$R_2 = R_1 (T+t_2)/(T+t_1)$,式中,$R_1$、$R_2$ 分别为在温度 t_1、t_2 时的电阻值;T 为计算用常数,铜导线 T 取 235,铝导线 T 取 225

续表

序号	项目	周期	标准	说明
2	绕组直流电阻	1）2年 2）大修后 3）必要时		3）有载分接开关宜在所有分接处测量； 4）封闭式电缆出线或GIS出线的变压器，电缆、GIS侧绕组可通过接地开关进行试验，在没有试验条件时可不按照周期试验； 5）该项目内容包括平衡绕组
3	绕组所有分接的电压比	1）分接开关吊芯检查后 2）分接开关引线拆装后 3）更换绕阻后 4）必要时	1）各相应接头的电压比与铭牌值相比不应有显著差别，且符合规律； 2）电额定分接电压比允许偏差±0.5%，其他分接的电压比应在变压器阻抗电压（%）的1/10以内，但不得超过±1%	
4	电容型套管的主绝缘、末屏对地绝缘的绝缘电阻。套管主绝缘、末屏对地tanδ和电容值	1）2年 2）大修后 3）必要时	1）主绝缘对地绝缘电阻≥10 000 MΩ； 油纸电容套管20 ℃时tanδ≤1%； 胶纸电容套管20 ℃时tanδ≤1.5%； 2）末屏对地绝缘电阻≥1 000 MΩ； 20 ℃时tanδ≤2%； 3）电容型套管的电容值与出厂值或上一次试验值的差别超出±5%时，应查明原因	1）测量变压器套管tanδ时，与被试套管相连的所有绕组端子连在一起加压，其余绕组端子均接地，末屏接电桥，正接线测量； 2）油纸电容型套管的tanδ一般不进行温度换算，当tanδ与出厂值或上一次测试值有比较明显增长或接近左表数值时，应综合分析tanδ与温度、电压的关系。当tanδ随温度增加明显增大或试验电压由10 kV升到$U_m/\sqrt{3}$时，tanδ增量超过±0.3%，不应继续运行。 必要时是指： 1）红外测温发现异常时； 2）套管油位不正常时
5	绕组泄漏电流	1）2年 2）必要时	1）直流试验电压为40 kV； 2）与前一次测试结果相比应无明显变化	读取1 min时的泄漏电流值

续表

序号	项目	周期	标准	说明
6	绕组连同套管的 $\tan\delta$	1）2年 2）大修后 3）必要时	1）20 ℃时 $\tan\delta$ 不大于0.8%； 2）$\tan\delta$ 值与历年的数值比较不应有显著变化（一般不大于30%）； 3）试验电压如下： 绕组10 kV及以上的绕组加10 kV	1）非被试绕阻应接地或屏蔽； 2）同一变压器各绕阻的 $\tan\delta$ 要求值相同； 3）测量温度以顶层油温为准，尽量使每次测量的温度相近； 4）尽量在油温低于50 ℃时测量，不同温度的 $\tan\delta$ 一般可按式换算 $\tan\delta_2 = \tan\delta_1 \times 1.3^{(t_2-t_1)/10}$ 式中，$\tan\delta_1$、$\tan\delta_2$ 分别为温度为 t_1、t_2 时的 $\tan\delta$ 值； 5）该项目内容包括平衡绕组
7	测温装置校验	1）2年 2）大修后 3）必要时	密封良好，指示正确，测温电阻值应和出厂值相符	
8	气体继电器检验	1）2年 2）大修后 3）必要时	保护特性进行定性校验，动作正确	
9	铁芯及夹件（有外引接地的）绝缘电阻	1）2年 2）大修后 3）必要时	与以前测试结果相比无显著差别	1）采用2 500 V兆欧表（对运行年久的变压器可用1 000 V兆欧表）； 2）夹件引出接地的可单独对夹件进行测量
10	铁芯及夹件（有外引接地的）运行中接地电流	1）2年 2）大修后 3）必要时	运行中铁芯接地电流一般不大于0.1 mA	钳型电流表
11	绕组变形测试	1）大修后 2）必要时	与初始结果比较，或三相间结果无明显差别。无初始记录的，与同型号同厂家比较	1）对有载开关应在最大分接下测试； 2）每次测试，宜使用同一仪器； 3）必要时是指在出口短路后

续表

序号	项目	周期	标准	说明
12	红外测温	1）1年 2）必要时	包括套管见红外测温一章	用红外热像仪或红外测温枪测量
13	冷却装置及其二次回路检查试验	1）大修后 2）必要时	1）投运后，流向、温升和声响正常无渗漏； 2）冷却装置检查主要是指风机的检修及二次回路检查； 3）绝缘电阻一般不低于1 MΩ	测量绝缘电阻采用2 500 V兆欧表
14	有载调压开关切换开关室绝缘油耐压强度	1）运行中：1年 2）大修后 3）必要时	击穿电压一般不低于25 kV	
15	有载调压开关过渡电阻的阻值	1）必要时 2）吊芯检查时	1）与出厂值相符； 2）三相同步的偏差、切换时间的数值及正反向切换时间的偏差均与制造厂的技术要求相符	吊芯检查周期：达到切换次数时
16	有载调压开关接触电阻的阻值	吊芯检查时	不大于500 MΩ	吊芯检查周期：达到切换次数时
17	有载调压开关切换时间	1）2年 2）吊芯检查后	与出厂值相符，触头弹跳不大于2 ms	
18	全电压下空载合闸	更换绕组后	1）全部更换绕组，空载合闸5次，每次间隔5 min； 2）部分更换绕组，空载合闸3次，每次间隔5 min	1）在使用分接上进行； 2）由变压器高压或中压侧加压； 3）110 kV及以上的变压器中性点接地
19	校核三相变压器的组别	更换绕组后	必须与变压器铭牌和顶盖上的端子标志相一致	

续表

序号	项目	周期	标准	说明
20	空载电流和空载损耗	1）更换绕组后 2）必要时	与前次试验值相比，无明显变化	1）试验电源可用三相或单相； 2）试验电压可用额定电压或较低电压值（如制造厂提供了较低电压下的值，可在相同电压下进行比较）
21	短路阻抗和负载损耗	1）更换绕组后 2）必要时	与前次试验值相比，无明显变化	1）试验电源可用三相或单相； 2）试验电流可用额定值或较低电流值（如制造厂提供了较低电流下的测量值，可在相同电流下进行比较）
22	交流耐压试验	1）更换绕组后 2）必要时	试验电压值按下表（定期试验按部分更换绕组电压值）： | 线端交流试验电压值/kV		中性点交流试验电压值/kV		线端操作波试验电压值/kV	
---	---	---	---	---	---
全部更换绕组	部分更换绕组	全部更换绕组	部分更换绕组	全部更换绕组	部分更换绕组
200	170(195)	95	80	375	319	 注：①括号内数值适用于不固定接地或经小电抗接地系统 ②操作波的波形为：波头大于20 μs，90%以上幅值持续时间大于200 μs，波长大于500 μs；负极性三次	1）可采用倍频感应或操作波感应法； 2）66 kV及以下全绝缘变压器，现场条件不具备时，可只进行外施工频耐压试验，试验值依据国家有关标准进行
23	穿芯螺栓铁轭夹件、绑扎钢带、铁芯、线圈压环及屏蔽等的绝缘电阻	1）大修后 2）必要时	一般不低于100 MΩ	1）采用2 500 V兆欧表（对运行年久的变压器可用1 000 V兆欧表）； 2）连接片不能拆开者可不进行

续表

序号	项目	周期	标准	说明
24	振动	必要时	与出厂值比不应有明显差别	
25	噪声	必要时	与出厂值比不应有明显差别	
26	油箱表面温度分布	必要时	局部热点温升不超过 80 K	
27	变压器油		见变压器油一章	指变压器本体油，不包括切换开关油

表 3-31 变压器油预防性试验周期及内容

序号	项目	周期	标准	说明
1	绝缘油中溶解气体色谱分析	1）运行中：1年 2）大修后 3）必要	1）运行中设备的油中 H_2 与烃类气体含量（体积分数 μL/L）超过下列任何一项值时应引起注意： 总烃含量：150 H_2 含量：150 C_2H_2 含量：5 2）烃类气体总的的产气速率大于 0.5 mL/h，或相对产气速率大于 10%/月，则认为设备有异常	1）总烃包括：CH_4、C_2H_6、C_2H_4 和 C_2H_2 四种气体； 2）溶解气体组分含量有增长趋势时，可结合产气速率判断，必要时缩短周期追踪分析； 3）新投运的变压器应有投运前的测试数据； 4）必要时是指出口短路、发现异常或在线检测系统警告等
2	绝缘油中糠醛含量	1）箱体焊死结构或非焊死结构运行10年不进行大修或更换绝缘油时：10年后每年 2）必要时	1）含量超过下表值时，一般为非正常老化需跟踪检测： | 运行年限	1~5	5~10	10~15	15~20
糠醛量/$(mg·L^{-1})$	0.1	0.2	0.4	0.75	 2）跟踪检测时，注意增长率； 3）测试值大于 4 mg/L 时，认为绝缘老化已比较严重	必要时是指： 1）油中气体总烃超标或 CO、CO_2 过高； 2）需了解老化情况，如长期过载运行后、温升超标后等

续表

序号	项目	周期	标准		说明
3	绝缘油水分/$(mg \cdot L^{-1})$	1）准备注入变压器的新油 2）运行中：1年 3）必要时	投运前≤20	运行中≤35	1）运行中设备，测量时应注意温度的影响，尽量在顶层油温高于50℃时采样； 2）必要时，如绕组绝缘电阻（吸收比、极化指数）测量异常时，渗漏油等； 3）标准参考 GB/T 7595—2008
4	绝缘油击穿电压/kV	1）准备注入变压器的新油 2）运行中：1年 3）必要时	投运前≥40	运行中≥35	标准参考 GB/T 7595—2008
5	绝缘油外观	1）准备注入变压器的新油 2）运行中：1年 3）必要时	透明、无杂质或悬浮物		将油样注入试管中冷却至5℃在光线充足的地方观察
6	绝缘油水溶性酸 pH 值	1）准备注入变压器的新油 2）必要时	投运前>5.4	运行中≥4.2	标准参考 GB/T 7595—2008
7	绝缘油酸值 mg（KOH）/g	1）准备注入变压器的新油 2）必要时	投运前≤0.03	运行中≤0.1	标准参考 GB/T 7595—2008
8	绝缘油闪点（闭口）/℃	1）准备注入变压器的新油 2）必要时	投运前≥135	运行中≥135	标准参考 GB/T 7595—2008

续表

序号	项目	周期	标准		说明
9	绝缘油介质损耗因数 $\tan\delta$（90 ℃）/%	1）准备注入变压器的新油 2）运行中：1年	投运前≤1	运行中≤4	标准参考 GB/T 7595—2008
10	界面张力（25 ℃）/(mN·m^{-1})	1）准备注入变压器的新油 2）必要时	投运前≥35	运行中≥19	标准参考 GB/T 7595—2008
11	油泥与沉淀物（质量分数）	必要时	投运前<0.02	运行中<0.02	标准参考 GB/T 7595—2008
12	油样混合试验	1）采用同一油源、同牌号、同添加剂的油补充油超过5%时 2）采用不同油源补充油时			1）标准参照 DL/T 428.7—1991； 2）原则上不允许补充不同牌号油
13	混合油样老化试验	采用不同油源补充油时			标准参考 DL/T 429.6—1991

表 3-32　110 kV 气体组合电器（GIS）预防性试验周期及内容

序号	项目	周期	标准	说明
1	SF$_6$ 气体湿度（20 ℃ 体积分数）/(×10^{-6})	1）新装及大修后1年内复测1次，以后2年测1次 2）大修后 3）必要时	1）断路器灭弧气室： 大修后不大于150 运行中不大于300 2）其他气室： 大修后不大于250 运行中不大于500	必要时是指设备异常或漏气时

续表

序号	项目	周期	标准	说明
2	SF_6气体成分分析	1）大修后 2）必要时	见SF_6一章	
3	SF_6气体泄漏试验	1）大修后定量测试 2）必要时可定性或定量测试	1）年漏气率不大于1%或按制造厂要求； 2）定性使用SF_6检漏仪进行	对电压等级较高的断路器以及GIS，因体积大可用局部包扎法检漏，每个密封部位包扎后历时5 h，测得的SF_6气体含量（体积分数）不大于30×10^{-6}
4	耐压试验	1）大修后 2）必要时	交流耐压或操作冲击耐压的试验电压为出厂试验电压值的80%	1）试验在SF_6气体额定压力下进行； 2）对GIS试验时不包括其中的电磁式电压互感器及避雷器，但在投运前应对它们进行试验； 3）试验电压值为U_m的5 min耐压试验
5	断路器的时间参量	1）2年（国标无要求） 2）大修后 3）机构大修后	除制造厂另有规定外，断路器的分、合闸同期性应满足下列要求： 1）相间合闸不同期不大于5 ms； 2）相间分闸不同期不大于3 ms； 3）同相各断口间合闸不同期不大于3 ms； 4）同相各断口间分闸不同期不大于2 ms	
6	分、合闸电磁铁的动作电压	1）2年 2）大修后 3）机构大修后	1）操动机构合闸电磁铁在操作电压额定值的80%～110%范围内可靠动作； 2）操动机构分闸电磁铁在操作电压额定值的65%～120%范围内可靠动作，在电源电压低于额定值的30%或更低时不应分闸； 3）进口设备可在参考1）和2）的基础上参照制造厂规定从严要求	

续表

序号	项目	周期	标准	说明
7	导电回路电阻	1）2年 2）大修后	1）测量值不大于制造厂规定值的120%； 2）对GIS中的断路器按制造厂规定	用直流压降法测量，电流不小于100 A
8	分、合闸线圈直流电阻	1）更换线圈后 2）大修后 3）机构大修后	应符合制造厂规定	
9	SF_6气体密度监视器（包括整定值）检验	1）2年（国标要求1-3年） 2）大修后 3）必要时	按制造厂规定	
10	压力表校验（或调整），机构操作压力（气压、液压）整定值校验	1）2年 2）大修后 3）必要时	按制造厂规定	对气动机构应校验各级气压的整定值
11	机械安全阀校验	1）大修后 2）必要时	按制造厂规定	
12	操动机构在分闸、合闸、重合闸下的操作压力（气压、液压）下降值	1）大修后 2）机构大修后 3）必要时	按制造厂规定	
13	液（气）压操动机构的泄漏试验	1）2年 2）大修后 3）必要时	按制造厂规定	应在分、合闸位置下分别试验

续表

序号	项目	周期	标准	说明
14	油（气）泵补压及零起打压的运转时间	1）2年 2）大修后 3）必要时	按制造厂规定	
15	液压机构防失压慢分试验	1）大修后 2）机构大修时	按制造厂规定	
16	联锁、闭锁、防跳跃等辅助控制装置的动作性能试验	1）大修后 2）必要时	按制造厂规定	
17	断路器触头磨损量测量	必要时	按制造厂规定	
18	运行中局部放电测试	必要时	在电压为 $1.2U_m/\sqrt{3}$ 时，视在放电量不大于 20 pC	必要时，如对绝缘性能有怀疑时
19	红外测温	必要时	见红外测温一章	用红外热像仪或红外测温枪测量

表 3-33 SF_6 预防性试验周期及内容

序号	项目	周期	标准	说明
1	湿度（20℃，体积分数）/（×10⁻⁶）	1）新装及大修后半年内复测1次，以后2年测1次 2）大修后 3）必要时	1）断路器灭弧气室：大修后不大于150，运行中不大于300； 2）其他气室：大修后不大于250，运行中不大于500	1）新装及大修后1年内复测1次，如湿度符合要求，则正常运行中1~3年测1次； 2）周期中的"必要时"是指新装及大修后1年内复测湿度不符合要求或年漏气率大于1%和设备异常时，按实际情况增加的检测； 3）对于用气量少且充气压力低于350 kPa的SF_6气体，运行中，只要不发生漏气，可不必进行气体湿度测量

续表

序号	项目	周期	标准	说明
2	密度（标准状态下）/(kg·m^{-3})	必要时	6.16	按《六氟化硫新气中密度测定法》进行
3	毒性	必要时	无毒	按《六氟化硫毒性生物试验方法》进行试验
4	酸度/(μg·g^{-1})	1）大修后 2）必要时	≤0.3	按《六氟化硫新气中酸度测定方法》或用检测管进行测量
5	四氟化碳（质量分数）/%	1）大修后 2）必要时	1）大修后≤0.05 2）运行中≤0.1	按《六氟化硫新气中空气、CF$_4$的气相色谱测定法》进行
6	空气（质量分数）/%	1）大修后 2）必要时	1）大修后≤0.05 2）运行中≤0.2	
7	可水解氟化物/(ug·g^{-1})	1）大修后 2）必要时	≤1.0	按《六氟化碳气体中可水解氟化物含量测定法》进行
8	矿物油/(μg·g^{-1})	1）大修后 2）必要时	≤10	按《六氟化硫中矿物油含量测定法（红外光谱法）》进行
9	纯度	1）大修后 2）必要时	大于等于99.8%	

注：1. SF$_6$气体在充入电气设备 24 h 后方可进行试验。
2. 关于补气和气体混合使用的规定：
1）所补气体必须符合新气质量标准，补气时应注意接头及管路的干燥；
2）符合新气质量标准的气体均可混合使用。

表 3-34 110 kV SF$_6$ 电流互感器预防性试验周期及内容

序号	项目	周期	标准	说明
1	气体湿度（20 ℃，体积分数）/(μL·L^{-1})	1）投产后1年1次，如无异常，2年测1次 2）大修后 3）必要时	大修后不大于250，运行中不大于500	

续表

序号	项目	周期	标准	说明
2	气体泄漏试验	1）2年 2）必要时	无明显漏点	必要时，如压力继电器显示压力异常
3	绕组的绝缘电阻	1）大修后 2）必要时	一次绕组对地、各二次绕组间及其对地的绝缘电阻与出厂值及历次数据比较，不应有显著变化。一般不低于出厂值或初始值的70%	1）采用2 500 V兆欧表； 2）必要时，如怀疑有故障时
4	极性检查	大修后	与铭牌标志相符合	
5	交流耐压试验	1）大修后 2）必要时	1）一次绕组按出厂值的0.8倍进行； 2）二次绕组之间及对地的工频耐压试验电压为2 kV，可用2 500V兆欧表代替； 3）老练试验电压为运行电压	必要时，如： 1）怀疑有绝缘故障； 2）补气较多时（表压小于0.2 MPa）； 3）卧倒运输后
6	各分接头的变比检查	1）大修后 2）必要时	1）与铭牌标志相符合； 2）比值差和相位差与制造厂试验值比较应无明显变化，并符合等级规定	1）对于计量计费用绕组应测量比值差和相位差； 2）必要时，如改变变比分接头运行时
7	校核励磁特性曲线	1）大修后 2）必要时	1）与同类互感器特性曲线或制造厂提供的特性曲线相比较，应无明显差别； 2）多抽头电流互感器可在使用抽头或最大抽头测量	
8	气体密度继电器和压力表检查	必要时	参照厂家规定	
9	红外测温	必要时	见红外测温一章	用红外热像仪或红外测温枪测量

表 3-35　110 kV SF$_6$ 电压互感器预防性试验周期及内容

序号	项目	周期	标准	说明
1	SF$_6$ 气体的湿度（20 ℃，体积分数）/(μL·L^{-1})	1）投产后 1 年 1 次，如无异常，2 年 1 次 2）大修后 3）必要时	大修后不大于 250，运行中不大于 500	
2	SF$_6$ 气体泄漏试验	1）大修后 2）必要时	无明显漏点	
3	绝缘电阻	1）大修后 2）必要时	不应低于出厂值或初始值的 70%	1）采用 2 500 V 兆欧表； 2）必要时，如怀疑有绝缘缺陷时
4	交流耐压试验	1）大修后 2）必要时	1）一次绕组按出厂值的 0.8 倍进行； 2）二次绕组之间及末屏对地的工频耐压试验电压为 2 kV，可用 2 500 V 兆欧表代替	必要时，如： 1）怀疑有绝缘故障时； 2）补气较多时（表压小于 0.2 MPa）； 3）用倍频感应耐压试验时，应考虑互感器的容升电压
5	空载电流和励磁特性	1）大修后 2）必要时	1）在额定电压下，空载电流与出厂值比较无明显差别； 2）在下列试验电压下，空载电流不应大于最大允许电流： ①中性点非有效接地系统：$1.9 U_n/\sqrt{3}$； ②中性点接地系统：$1.5 U_n/\sqrt{3}$。	
6	联结组别和极性	1）更换绕组后 2）接线变动后	与铭牌和端子标志相符	
7	电压比	1）更换绕组后 2）接线变动后	与铭牌标志相符	

续表

序号	项目	周期	标准	说明
8	绕组直流电阻	大修后	与初始值或出厂值比较,应无明显差别	
9	红外测温	必要时	见红外测温一章	用红外热像仪或红外测温枪测量

表 3-36　110 kV GIS 用避雷器预防性试验周期及内容

序号	项目	周期	标准	说明
1	运行电压下的交流泄漏电流	1)1年 2)必要时	1)测量全电流、阻性电流或功率损耗,测量值与初始值比较不应有明显变化; 2)当阻性电流增加50%时应分析原因,加强监测、缩短检测周期,当阻性电流增加1倍时必须停电检查	1)采用带电测量方式,测量时应记录运行电压; 2)避雷器(放电计数器)带有全电流在线检测装置的不能替代本项目试验,应定期记录读数(至少每3个月一次),发现异常应及时进行阻性电流测试。
2	检查放电计数器动作情况	1)1年 2)必要时	测试3~5次,均应正常动作	每年雷雨季节之前测试
3	底座绝缘电阻	1)1年 2)必要时		每年雷雨季节之前测试
4	工频参考电流下的工频参考电压	必要时	应符合 GB 11032—2000	
5	直流1 mA 电压(U_{1mA})及 $0.75U_{1mA}$ 下的泄漏电流	1)1年 2)必要时	1)U_{1mA}实测值与初始值或制造厂规定值比较,变化不应大于±5%; 2)$0.75U_{1mA}$下的泄漏电流不应大于50 μA	1)要记录试验时的环境温度和相对湿度; 2)测量电流的导线应使用屏蔽线; 3)初始值系指交接试验或投产试验时的测量值
6	红外测温	必要时	见红外测温一章	用红外热像仪或红外测温枪测量

表 3-37 110 kV、35 kV 交联电缆预防性试验周期及内容

序号	项目	周期	标准	说明
1	电缆主绝缘电阻	1）110 kV 电缆 1 年；35 kV 电缆 2 年 2）大修后 3）必要时	大于 1 000 MΩ	用 2 500 V 兆欧表或 5 000 V 兆欧表
2	电缆外护套绝缘电阻	1）110 kV 电缆 1 年；35 kV 电缆 2 年 2）大修后 3）必要时	每千米绝缘电阻值不应低于 0.5 MΩ	1）采用 500 V 兆欧表。当每千米的绝缘电阻值低于 0.5 MΩ 时应采用相关的方法判断外护套是否进水； 2）本项试验只适用于三芯电缆的外护套
3	主绝缘交流耐压试验	1）必要时 2）大修新做终端或接头后 3）更换后	1）110 kV 电缆试验电压为 1.36 U_0，时间为 60 min； 2）35 kV 电缆试验电压为 1.6 U_0，时间为 60 min	1）采用谐振交流耐压。采用谐振交流耐压时频率在 20～300 Hz； 2）35 kV 电缆可采用 0.1 Hz 超低频耐压试验，但优先采用谐振交流耐压
4	铜屏蔽层电阻和导体电阻比	1）投运前 2）重做终端或接头后 3）内衬层破损进水后	对照投运前测量数据，较投运前电阻比增大时，表明铜屏蔽层的直流电阻增大，有可能被腐蚀；电阻比减小时，表明附件中的导体连接点的电阻有可能增大	测量在相同温度下的铜屏蔽层和导体的直流电阻
5	红外测温	必要时	见红外测温一章	用红外热像仪或红外测温枪测量

表 3-38 110 kV 交联电缆交叉互联系统预防性试验周期及内容

序号	项目	周期	标准	说明
1	电缆外护套、绝缘接头外护套与绝缘夹板的直流耐压试验	必要时	在每段电缆金属屏蔽或金属套与地之间施加直流电压 5 kV，加压时间 1 min，不应击穿	试验时必须将护层过电压保护器断开，在互联箱中将另一侧的三段电缆金属套都接地

续表

序号	项目	周期	标准	说明
2	护层过电压保护器的绝缘电阻或直流伏安特性	必要时	1）伏安特性或参考电压应符合制造厂的规定； 2）用1 000 V兆欧表测量引线与外壳之间的绝缘电阻，其值不应小于10 MΩ	
3	互联箱闸刀（或连接片）接触电阻和连接位置的检查	必要时	1）在正常工作位置进行测量，接触电阻不应大于2 μΩ； 2）连接位置应正确无误	1）用双臂电桥； 2）在交叉互联系统的试验合格后密封互联箱之前进行，如发现连接错误重新连接后必须重测闸刀（或连接片）的接触电阻
4	红外测温	必要时	见红外测温一章	用红外热像仪或红外测温枪测量

表3-39 35 kV金属氧化物避雷器预防性试验周期及内容

序号	项目	周期	标准	说明
1	绝缘电阻	1）2年 2）必要时	1）35 kV以上：不小于2 500 MΩ； 2）35 kV及以下：不小于1 000 MΩ	采用2 500 V及以上兆欧表
2	底座绝缘电阻	1）2年 2）必要时	不小于5 MΩ	采用2 500 V及以上兆欧表
3	检查放电计数器动作情况	1）2年 2）必要时	测试3~5次，均应正常动作	
4	直流1 mA电压U_{1mA}及$0.75U_{1mA}$下的泄漏电流	1）2年 2）必要时	1）不低于GB 11032—2000规定； 2）U_{1mA}实测值与初始值或制造厂规定值比较，变化不应大于±5%； 3）$0.75U_{1mA}$下的泄漏电流不应大于50 μA	1）要记录环境温度和相对湿度，测量电流的导线应使用屏蔽线； 2）初始值系指交接试验或投产试验时的测量值； 3）避雷器怀疑有缺陷时应同时进行交流试验； 4）10 kV开关柜母线避雷器结合开关柜的停电试验进行，主变压器低压侧避雷器结合主变压器的停电试验进行

续表

序号	项目	周期	标准	说明
5	红外测温	必要时	见红外测温一章	1）采用红外热像仪或红外测温枪； 2）发现温度异常时应停电检查

表3-40　35 kV柜式组合电器（C-GIS）预防性试验周期及内容

序号	项目	周期	标准	说明
1	SF_6 气体湿度（20 ℃，体积分数）/（$\times 10^{-6}$）	1）新装及大修后半年内复测1次，以后2年测1次 2）大修后 3）必要时	1）大修后不大于250； 2）运行中不大于500	1）必要时是指设备异常或漏气时； 2）对于用气量少且充气压力低于350 kPa的SF_6气体，运行中，只要不发生漏气，可不必进行气体湿度测量
2	SF_6 气体成分分析	1）大修后 2）必要时	见SF_6一章	
3	SF_6 气体泄漏试验	1）大修后定量测试 2）必要时可定性或定量测试 3）每2年可以定性测试	1）年漏气率不大于1%或按制造厂要求； 2）定性使用SF_6检漏仪进行； 3）用专用检漏仪，小于10×10^{-6}（体积分数）为合格	对电压等级较高的断路器以及GIS，因体积大可用局部包扎法检漏，每个密封部位包扎后历时5 h，测得的SF_6气体含量（体积分数）不大于30×10^{-6}
4	耐压试验	1）大修后 2）必要时	交流耐压或操作冲击耐压的试验电压为出厂试验电压值的80%	1）试验在SF_6气体额定压力下进行； 2）对GIS试验时不包括其中的电磁式电压互感器及避雷器，但在投运前应对它们进行试验电压值为U_m的5 min耐压试验； 3）对瓷柱式定开距型断路器只作断口间耐压
5	断路器的速度特性	1）大修后 2）必要时	额定分闸时间50 ms以内，无负载合闸时间75 ms以内	制造厂无要求时可不测

续表

序号	项目	周期	标准	说明
6	断路器的时间参数	1）2年 2）大修后 3）必要时	除制造厂另有规定外，断路器的分、合闸同期性应满足下列要求： 1）相间合闸不同期不大于5 ms； 2）相间分闸不同期不大于3 ms； 3）同相各断口间合闸不同期不大于3 ms； 4）同相各断口间分闸不同期不大于2 ms	如无试验插头，可不测
7	导电回路电阻	1）2年 2）大修后 3）必要时	1）主回路测量值不大于初始值的120%； 2）对GIS中的断路器按制造厂规定	1）用直流压降法测量电阻，电流不小于100 A； 2）必要时，如怀疑接触不良时； 3）如无试验插头，可不测
8	分、合闸线圈直流电阻	1）更换线圈后 2）大修后 3）机构大修后	应符合制造厂规定	
9	分、合闸电磁铁的动作电压	1）2年 2）大修后 3）机构大修后	合闸控制电压变动范围为85%～110%，分闸控制电压变动范围为65%～120%	
10	真空断路器的合闸弹跳	1）2年 2）大修后	合闸时触头的弹跳时间不应大于2 ms	1）在额定操作电压下进行； 2）如无试验插头，可不测
11	真空断路器灭弧室真空度测量	大修后	应符合制造厂规定	可以用断口耐压试验代替，优先采用真空度测试仪测量
12	真空断路器灭弧室触头开关距及超行程测量	大修后	应符合制造厂规定	

续表

序号	项目	周期	标准	说明
13	真空断路器触头磨损量测量	大修后	应符合制造厂规定	
14	红外测温	1) 2年 2) 必要时	见红外测温一章	用红外热像仪或红外测温枪测量
15	断路器合闸回路电流	1) 2年 2) 大修后	2 A以下	
16	三工位隔离开关控制电压	1) 2年 2) 大修后 3) 机构大修后	控制电压85%~110%	

表3-41 35 kV电压、电流互感器预防性试验周期及内容

序号	项目	周期	要求	说明
1	绝缘电阻	1) 2年 2) 大修后 3) 必要时	不应低于出厂值或初始值的70%	1) 采用2 500 V兆欧表; 2) 必要时,如怀疑有绝缘缺陷时
2	交流耐压试验	1) 大修后 2) 必要时	1) 一次绕组按出厂值的80%进行; 2) 二次绕组之间及末屏对地的工频耐压试验电压为2 kV,可用2 500 V兆欧表代替	必要时,如怀疑有绝缘故障时
3	局部放电试验	1) 大修后 2) 必要时	在电压为$1.2U_m/\sqrt{3}$时,视在放电量不大于50 pC	必要时,如对绝缘性能有怀疑时
4	空载电流和励磁特性	1) 大修后 2) 必要时	1) 在额定电压下,空载电流与出厂值比较无明显差别; 2) 在下列试验电压下,空载电流不应大于最大允许电流: ①中性点非有效接地系统:$1.9U_n/\sqrt{3}$ ②中性点接地系统:$1.5U_n/\sqrt{3}$	

续表

序号	项目	周期	要求	说明
5	联结组别和极性	更换绕组后	与铭牌和端子标志相符合	
6	电压比	更换绕组后	与铭牌标志相符合	
7	绕组直流电阻	1）大修后 2）必要时	与初始值或出厂值比较，应无明显差别	必要时，如怀疑内部有故障时
8	红外测温	必要时	见红外测温一章	用红外热像仪或红外测温枪测量

表 3-42 35 kV 干式电抗器预防性试验周期及内容

序号	项目	周期	标准	说明
1	绕组绝缘电阻	1）2 年 2）大修后 3）必要时	1）一般不低于 1 000 MΩ（20 ℃）； 2）绝缘电阻值不低于产品出厂试验值的 70%	采用 2 500 V 兆欧表
2	绕组直流电阻	1）2 年 2）大修后 3）必要时	1）三相绕组间的差别不应大于三相平均值的 4%； 2）与同温度下产品出厂值比较，相应变化不应大于 2%	
3	电抗（或电感）值	1）大修后 2）必要时	与产品出厂试验值比较，应无明显差别	
4	绕组对铁芯和外壳交流耐压及相间交流耐压	1）大修后 2）必要时	1）试验电压为 60 kV； 2）干式空心电抗器只需对绝缘支架进行试验，试验电压同支柱绝缘子	
5	红外测温	1）2 年 2）大修后 3）必要时	见红外测温一章	1）采用红外热像仪或红外测温枪测量； 2）应注意测量干式电抗器支持绝缘子及引线接头、接地引下线等部位； 3）必要时，如高峰负载时或高温季节

表 3-43　35 kV 干式变压器预防性试验周期及内容

序号	项目	周期	要求	说明
1	绕组绝缘电阻	1）2 年 2）大修后 3）必要时	绝缘电阻换算至同一温度下，与前一次测试结果相比应无显著变化，一般不低于上次值的 70%	采用 2 500 V 或 5 000 V 兆欧表
2	绕组直流电阻	1）2 年 2）大修后 3）必要时	1）相间差别一般不大于平均值的 4%，线间差别一般不大于平均值的 2%； 2）与以前相同部位测得值比较，其变化不应大于 2%	不同温度下电阻值按下式换算： $R_2 = R_1 (T+t_2)/(T+t_1)$ 式中，R_1、R_2 分别为在温度 t_1、t_2 下的电阻值；T 为电阻温度常数，取 235
3	绕组所有分接的电压比	1）2 年 2）分接开关引线拆装后 3）更换绕组后	1）各分接的电压比与铭牌值相比应无明显差别，且符合规律； 2）35 kV 以下，电压比小于 3 的变压器电压比允许偏差为 ±1%；其他所有变压器：额定分接电压比允许偏差为 ±0.5%，其他分接的电压比应在变压器阻抗电压值（%）的 1/10 以内，但偏差不得超过 ±1%	
4	铁芯、穿芯螺杆、夹件绝缘电阻	1）2 年 2）大修后 3）必要时	与以前测试值无显著变化	采用 2 500 V 或 5 000 V 兆欧表
5	交流耐压试验	1）大修后 2）必要时	按出厂试验电压值的 80% 进行	
6	测温装置	1）2 年 2）大修后 3）必要时	1）按制造厂的技术要求； 2）指示正确，测温电阻值应和出厂值相符； 3）绝缘电阻一般不低于 1 MΩ	
7	红外测温	1）2 年 2）大修后 3）必要时	见红外测温一章	1）用红外热像仪或红外测温枪测量； 2）测量铁芯及接头等部位

表 3-44　1 500 V 直流开关柜预防性试验周期及内容

序号	项目	周期	标准	说明
1	绝缘电阻	1) 2 年 2) 大修后 3) 必要时	1) 正极母排对 MM 母排绝缘电阻测试，不低于 8 MΩ； 2) 负极母排对 MM 母排绝缘电阻测试，不低于 8 MΩ； 3) 断口之间的绝缘测试，不低于 50 MΩ； 4) 框架对地的绝缘测试，不低于 2 MΩ	采用 2 500 V 兆欧表
2	交流耐压	1) 大修后 2) 必要时	交流耐压或操作冲击耐压的试验电压为出厂试验电压值的 80%	
3	断路器及隔离插头的导电回路电阻	1) 2 年 2) 大修后 3) 必要时	1) 大修后应符合制造厂规定； 2) 运行中一般不大于制造厂规定值的 1.2 倍	1) 隔离开关和隔离插头回路电阻的测量在有条件时进行； 2) 必要时，如怀疑接触不良时； 3) 用直流压降法测量，电流不小于 1 300 A
4	断路器的速度特性	1) 大修后 2) 必要时	测量方法和测量结果应符合制造厂规定	制造厂无要求时可不测
5	断路器的时间参数	1) 2 年 2) 大修后 3) 必要时	应符合制造厂规定	
6	合闸线圈直流电阻	1) 2 年 2) 大修后 3) 必要时	应符合制造厂规定	
7	合闸线圈最小合闸电流、最小合闸保持电流	1) 大修后 2) 更换合闸线圈后 3) 必要时	应符合制造厂规定	

续表

序号	项目	周期	标准	说明
8	大电流脱扣整定值及跳闸时间	1）大修后 2）必要时	应符合制造厂规定	
9	红外测温	必要时	见红外测温一章	用红外热像仪或红外测温枪测量

表 3-45　1 500 V 直流橡塑电缆预防性试验周期及内容

序号	项目	周期	标准	说明
1	电缆主绝缘电阻	1）大修后 2）必要时	与出厂或交接试验值比较，应无明显差别	0.6 kV/1 kV 电缆用 1 000 V 兆欧表，0.6 kV/1 kV 以上电缆用 2 500 V 兆欧表（6 kV/6 kV 及以上电缆也可用 5 000 V 兆欧表）
2	1 500 V 直流电缆直流耐压并测量泄漏电流	1）必要时 2）更换后 3）重做电缆头时	1）按交接试验值的 80%； 2）泄漏电流与上次测量值和同批测量值相比应无明显差别	
3	红外测温	必要时	见红外测温一章	用红外热像仪或红外测温枪测量

表 3-46　1 500 V 金属氧化物避雷器预防性试验周期及内容

序号	项目	周期	标准	说明
1	绝缘电阻	1）每年雷雨季节前 2）必要时	1）不低于 1 000 MΩ	采用 2 500 V 兆欧表
2	无间隙金属氧化物避雷器的直流 1 mA 电压（U_{1mA} 及 $0.75U_{1mA}$ 下的泄漏电流）	1）每年雷雨季节前 2）必要时	1）U_{1mA} 实测值与初始值或制造厂规定值比较，变化不应大于 ±5%； 2）$0.75U_{1mA}$ 下的泄漏电流不应大于 50 μA	1）要记录试验时的环境温度和相对湿度； 2）测量电流的导线应使用屏蔽线； 3）初始值系指交接试验或投产试验时的测量值

续表

序号	项目	周期	标准	说明
3	串联间隙金属氧化物避雷器的工频参考电压	1）大修后 2）必要时	按制造厂规定	
4	底座绝缘电阻	1）每年雷雨季前 2）必要时	与交接试验值比较，应无明显差别	采用2 500 V及以上兆欧表
5	检查放电计数器动作情况	1）每年雷雨季前 2）必要时	测试3~5次，均应正常动作，测试后计数器指示应调到"0"	
6	红外测温	必要时	见红外测温一章	1）用红外热像仪或红外测温枪测量 2）对串联间隙的避雷器不作要求

表3-47 整流器预防性试验周期及内容

序号	项目	周期	标准	说明
1	主回路对二次回路及对地的绝缘电阻值测量	1）2年 2）大修后 3）必要时	不低于1 MΩ	使用500 V兆欧表
2	电流均衡度检验	1）2年 2）大修后 3）必要时	符合制造厂规定	不低于80%的额定电流下检测
3	红外测温	1）2年 2）必要时	见红外测温一章	用红外热像仪或红外测温枪测量

表 3-48　接地装置预防性试验周期及内容

序号	项目	周期	标准	说明
1	有效接地系统的电力设备的接地电阻	1）6 年 2）可以根据该接地网挖开检查的结果斟酌延长或缩短周期	$R \leqslant 2\,000/I$ 或 $R \leqslant 0.5\,\Omega$（当 $I > 4\,000\,\text{A}$ 时） 式中，I 为经接地网流入地中的短路电流（A）；R 为考虑到季节变化的最大接地电阻（Ω）	1）测量接地电阻时，如在必需的最小布极范围内土壤电阻率基本均匀，可采用各种补偿法，否则应采用远离法； 2）在高土壤电阻率地区，接地电阻如按规定值要求在技术经济上极不合理时，允许有较大的数值。但必须采取措施以保证发生接地短路时，在该接地网上： a）接触电压和跨步电压均不超过允许的数值； b）不发生高电位引外和低电位引内。 3）在预防性试验前或每 2 年以及必要时验算一次 I 值，并校验设备接地引下线的热稳定； 4）必要时，如怀疑地网被腐蚀时，地网改造后
2	非有效接地系统的电力设备的接地电阻	1）6 年 2）可以根据该接地网挖开检查的结果斟酌延长或缩短周期	1）当接地网与 1 kV 及以下设备共用接地时，接地电阻 $R \leqslant 120/I$； 2）当接地网仅用于 1 kV 以上设备时，接地电阻 $R \leqslant 250/I$。 在上述任一情况下，接地电阻一般不得大于 10 Ω	必要时，如怀疑地网被腐蚀时，地网改造后
3	1 kV 以下电力设备的接地电阻	6 年	使用同一接地装置的所有这类电力设备，当总容量达到或超过 100 kVA 时，其接地电阻不宜大于 4 Ω；如总容量小于 100 kVA 时，则接地电阻允许大于 4 Ω，但不超过 10 Ω	对于在电源处接地的低压电力网（包括孤立运行的低压电力网）中的用电设备，只进行接零，不作接地。所用零线的接地电阻就是电源设备的接地电阻，其要求按序号 2 确定，但不得大于相同容量的低压设备的接地电阻

续表

序号	项目	周期	标准	说明
4	检查有效接地系统的电力设备接地引下线与接地网的连接情况	1年	不得有开断、松脱或严重腐蚀等现象	如采用测量接地引下线与接地网（或与相邻设备）之间的电阻值来检查其连接情况，可将所测的数据与历次数据比较和相互比较，通过分析决定是否进行挖开检查
5	接地网电阻	1年	符合设计要求	

表3-49 400 V低压配电装置（含有源滤波）预防性试验周期及内容

序号	项目	周期	标准	说明
1	绝缘电阻	1）1年 2）大修后 3）必要时	1）配电装置每一段的绝缘电阻不应小于0.5 MΩ； 2）电力布线绝缘电阻一般不小于0.5 MΩ	1）采用1 000 V兆欧表； 2）测量电力布线的绝缘电阻时应将熔断器、用电设备、电器和仪表等断开
2	配电装置的交流耐压试验	1）大修后 2）必要时	试验电压为1 000 V 电力布线不进行交流耐压试验	1）配电装置耐压为各相对地，48 V及以下的配电装置不做交流耐压试验； 2）可用1 000 V兆欧表试验代替
3	相位检查	更换设备或接线时	各相两端及其连接回路的相位应一致	
4	红外测温	必要时	见红外测温一章	用红外热像仪或红外测温枪测量
5	有源滤波设备波形检测	1）大修后 2）必要时	设备显示器显示波形应与试验设备显示一致	用示波器或电能质量分析仪测量
6	有源滤波设备功能测试	1）大修后 2）必要时	设备关闭时，源电流存在较多谐波成分；启动设备，源电流谐波较少，接近正弦波	用示波器或电能质量分析仪测量

表 3-50 封闭母线预防性试验周期及内容

序号	项目	周期	标准			说明
1	绝缘电阻	1）大修后 2）必要时	额定电压为 15 kV 及以上全连式离相封闭母线在常温下分相绝缘电阻不小于 50 MΩ			采用 2 500 V 兆欧表
2	交流耐压试验	1）大修后 2）必要时	额定电压/kV	0.4	35	
			试验电压/kV	出厂 4.2	85	
				现场 3.2	72	

表 3-51 一般母线预防性试验周期及内容

序号	项目	周期	标准	说明
1	绝缘电阻	1）1年 2）大修后	不应低于 1 MΩ/kV	
2	交流耐压试验	1）大修后 2）必要时	1）额定电压在 1 000 V 以上，试验电压参照支柱绝缘子的交流耐试验电压； 2）额定电压在 1 000 V 及以下，试验电压为 1 000 V	1）配电装置耐压为各相对地，48 V 及以下的配电装置不做交流耐压试验； 2）可用 2 500 V 兆欧表试验代替

表 3-52 二次回路预防性试验周期及内容

序号	项目	周期	标准	说明
1	二次回路绝缘电阻	1）大修时 2）更换二次线时	1）直流小母线和控制盘的电压小母线，在断开所有其他并联支路时不应小于 10 MΩ； 2）二次回路的每一支路和断路器、隔离开关、操作机构的电源回路不小于 1 MΩ；在比较潮湿的地方，允许降到 0.5 MΩ	采用 500 V 或 1 000 V 兆欧表
2	二次回路交流耐压试验	1）大修时 2）更换二次线时	试验电压为 1 000 V	1）不重要回路可用 2 500 V 兆欧表试验代替； 2）48 V 及以下回路不做交流耐压试验； 3）带有电子元件的回路，试验时应将其取出或两端短接

表 3-53 红外测温预防性试验周期及内容

设备	测试部位	温度要求		备注
		注意值	最高允许值	
主变压器	接头	1）裸铜（铜合金）和裸铝（铝合金）为 85 ℃； 2）镀（搪）锡为 100 ℃； 3）镀银（镀厚银）或镀镍为 110 ℃	1）裸铜（铜合金）和裸铝（铝合金）为 90 ℃； 2）镀（搪）锡为 105 ℃； 3）镀银（镀厚银）或镀镍为 115 ℃	当两种不同镀层的金属材料紧固连接时，允许温升值以较低者计
	油箱及结构件表面	115 ℃	120 ℃	
110 kV 气体组合电器	接头	1）裸铜（铜合金）和裸铝（铝合金）为 85 ℃； 2）镀（搪）锡为 100 ℃； 3）镀银（镀厚银）或镀镍为 110 ℃	1）裸铜（铜合金）和裸铝（铝合金）为 90 ℃； 2）镀（搪）锡为 105 ℃； 3）镀银（镀厚银）或镀镍为 115 ℃	当两种不同镀层的金属材料紧固连接时，允许温升值以较低者计
	外壳	1）运行人员易触及的部位 65 ℃； 2）运行人员易触及但操作时不易触及的部位 75 ℃； 3）运行人员不易触及的个别部位 100 ℃	1）运行人员易触及的部位 70 ℃； 2）运行人员易触及但操作时不触及的部位 80 ℃； 3）运行人员不易触及的个别部位 105 ℃	对温升超过 40 K 的部位应做出明显的高温标记，以防维修人员触及，并应保证不损害周围的绝缘材料和密封材料
110 kV 悬式绝缘子	接头	1）裸铜（铜合金）和裸铝（铝合金）为 85 ℃； 2）镀（搪）锡为 100 ℃； 3）镀银（镀厚银）或镀镍 110 ℃	1）裸铜（铜合金）和裸铝（铝合金）为 90 ℃； 2）镀（搪）锡为 105 ℃； 3）镀银（镀厚银）或镀镍 115 ℃	当两种不同镀层的金属材料紧固连接时，允许温升值以较低者计
110 kV/35 kV 交联电缆	终端头	1）裸铜（铜合金）和裸铝（铝合金）为 85 ℃； 2）镀（搪）锡为 100 ℃； 3）镀银（镀厚银）或镀镍 110 ℃	1）裸铜（铜合金）和裸铝（铝合金）为 90 ℃； 2）镀（搪）锡为 105 ℃； 3）镀银（镀厚银）或镀镍 115 ℃	当两种不同镀层的金属材料紧固连接时，允许温升值以较低者计

续表

设备	测试部位	温度要求		备注
		注意值	最高允许值	
35 kV 柜式组合电器 C-GIS	外壳	1）运行人员易触及的部位 65 ℃； 2）运行人员易触及但操作时不触及的部位 75 ℃； 3）运行人员不易触及的个别部位 100 ℃	1）运行人员易触及的部位 70 ℃； 2）运行人员易触及但操作时不触及的部位 80 ℃； 3）运行人员不易触及的个别部位 105 ℃	对温升超过 40 K 的部位应做出明显的高温标记，以防维修人员触及，并应保证不损害周围的绝缘材料和密封材料
35 kV 干式变压器（包括干式电抗器，SVG 变压器）	接头	1）裸铜（铜合金）和裸铝（铝合金）为 85 ℃； 2）镀（搪）锡为 100 ℃； 3）镀银（镀厚银）或镀镍 110 ℃	1）裸铜（铜合金）和裸铝（铝合金）为 90 ℃； 2）镀（搪）锡为 105 ℃； 3）镀银（镀厚银）或镀镍 115 ℃	当两种不同镀层的金属材料紧固连接时，允许温升值以较低者计
	铁芯	按照厂家的规定或车间自行规定	按照厂家的规定或车间自行规定	以铁芯温度不能损害相邻绝缘材料为准
	外壳绝缘	1）B 级为 120 ℃； 2）F 级为 145 ℃； 3）H 级为 170 ℃	1）B 级为 130 ℃； 2）F 级为 155 ℃； 3）H 级为 180 ℃	
1 500 V 直流开关柜	负极刀闸触头	1）裸铜或裸铜合金为 70 ℃； 2）镀锡为 85 ℃； 3）镀银或镀镍 100 ℃	1）裸铜或裸铜合金为 75 ℃； 2）镀锡为 90 ℃； 3）镀银或镀镍 105 ℃	
1 500 V 直流橡塑电缆	接头	1）裸铜（铜合金）和裸铝（铝合金）为 85 ℃； 2）镀（搪）锡为 100 ℃； 3）镀银（镀厚银）或镀镍 110 ℃	1）裸铜（铜合金）和裸铝（铝合金）为 90 ℃； 2）镀（搪）锡为 105 ℃； 3）镀银（镀厚银）或镀镍 115 ℃	当两种不同镀层的金属材料紧固连接时，允许温升值以较低者计
1 500 V 金属氧化物避雷器	接头	1）裸铜（铜合金）和裸铝（铝合金）为 85 ℃； 2）镀（搪）锡为 100 ℃； 3）镀银（镀厚银）或镀镍 110 ℃	1）裸铜（铜合金）和裸铝（铝合金）为 90 ℃； 2）镀（搪）锡为 105 ℃； 3）镀银（镀厚银）或镀镍 115 ℃	当两种不同镀层的金属材料紧固连接时，允许温升值以较低者计

续表

设备	测试部位	温度要求		备注
		注意值	最高允许值	
整流器	二极管	按照厂家的规定或车间自行规定	按照厂家的规定或车间自行规定	
	散热片	按照厂家的规定或车间自行规定	按照厂家的规定或车间自行规定	
	电阻、电容	按照厂家的规定或车间自行规定	按照厂家的规定或车间自行规定	
400 V配电装置和电力布线	一次接线端子	1）裸铜（铜合金）和裸铝（铝合金）为85℃； 2）镀（搪）锡为100℃； 3）镀银（镀厚银）或镀镍110℃	1）裸铜（铜合金）和裸铝（铝合金）为90℃； 2）镀（搪）锡为105℃； 3）镀银（镀厚银）或镀镍为115℃	当两种不同镀层的金属材料紧固连接时，允许温升值以较低者计

表3-54 SVG设备预防性试验周期及内容

序号	项目	周期	标准	说明
1	检查控制系统显示、通信、合闸分闸逻辑、参数设置、急停是否正常	1）大修后 2）必要时	1）LED灯正常，状态显示正常，工业控制机显示正常； 2）查看主控板232通信是否正常，上位机应无通信故障显示； 3）任意参数设置可更改，且可掉电记忆	
2	检验SVG运行状况	1）大修后 2）必要时	1）确认所有电缆及布线正确且紧固； 2）检查高压侧输入线电压正常； 3）查看直流侧电压是否正常	按照厂家的规定或车间自行规定

【案例一】

人员过失导致主变跳闸背景

1997年5月20日，继电保护人员对月台站1#主变及两侧油开关进行定期试验。下午1点30分，工作人员在盘内清扫卫生时，发现1#主变C相差动继电器个别螺丝松动，随即对其进行紧固，由于位置狭窄、操作不慎，将尖嘴钳掉落到 2# 主变 C 相差动继电器接点接线柱上，造成接点短接（月台站 1# 主变差动继电器与 2# 主变差动继电器为同盘上下层），致使月台站 2# 主变差动保护动作跳闸，6 kV 系统失压 27 s。

分析：

（1）由于位置狭窄工作人员不慎将工具脱手，造成事故；

（2）未采取防止工器具、材料意外掉落的措施；

（3）未采取对作业地点以下的在运部位的保护措施。

教训及防范措施：

（1）在二次回路上工作，一定要注意做好必要的防护措施，尤其是作业人员要佩戴防护用品；

（2）对作业对象周围的带电设备，要用绝缘材料隔离起来；

（3）在电气设备上工作时，应采取防止工器具、材料脱落的措施，如将扳手、钳子、螺丝刀等用绳系在手腕上，防止器具掉落。

【案例二】

机构卡滞开关拒合背景

1999 年 9 月 2 日焦庄变电站焦 62 油开关的电磁机构发生拒合现象，接到通知后，检修人员及时赶到现场进行处理。

分析：

经过认真检查，发现产生拒合的原因是电磁机构主传动轴卡滞。经检修人员对开关解体大修，清除了锈蚀，并加入了润滑油后，电磁机构的主传动轴转动灵活可靠。

教训及防范措施：

检修不到位，存在死角。检修专业人员忽视了对主传动轴的润滑保养，只重视托架四连板、二连板的保养。这次故障给检修人员敲响了警钟，检修人员在设备检修中要进行全面细致地检查，凡是转动的部位都应该进行保养。

【案例三】

二次刀闸未恢复延误送电背景

2000 年 9 月 17 日，作为谢庄站备用电源的谢肖 2 开关按要求送电带全站负荷，值班人员在送电时合不上开关，机构内压力严重降低，原因不明。

分析：

（1）保护人员在检查中发现端子箱内油泵电机的电源闸刀处于断开位置，致使谢肖开关液压机构不能正常打压，控制屏上信号电源闸刀也处于断开位置，当压力异常时不能报信号是这次事故的直接原因。

（2）经调查分析，端子箱电源闸刀断开是由于在本年度定期检修时，保护人员在密封端子箱底部时害怕触电而人为断开，在工作结束时又忘记送上闸刀。控制屏上信号电源闸刀是由于继电保护人员在调试完保护定值恢复二次线时为避免频繁报光字和音响信号而人为断开，工作结束后又忘记送上。而且上述两个闸刀的不正确断开连续两个多月没被发现，直到事故发生时才被查出。继电保护人员失职，运行人员验收不认真，巡视不到位是发生事故的间接原因。

教训及防范措施：

（1）端子箱内有工作时，继电保护人员不能擅自断开端子箱内任何电源，如需要断开应通知现场工作负责人，并应有文字记录，工作结束后要及时恢复。

（2）控制室内的压板、闸刀、各种保险的通断、投退都应有运行人员负责进行；检修过程中，修试人员如需要投退压板、保险、断合闸刀，应得到值班人员的同意并做有记录。

（3）继电保护人员在作业时，应本着谁拆除、谁恢复的原则按试验记录将试验中所断开的接线、闸刀、连接片等恢复到原始状态。

（4）值班人员对检修、试验后的设备应验收到位，同时应加强日常巡视工作。

【案例四】

开关辅助触点不到位延长送电时间背景

2000年11月25日，张庄站主供电源平张线发生故障，要求谢张2带全站负荷。值班人员操作时发现谢张2开关合不上闸，修试人员赶到现场后，发现断路器能合闸，但合闸后出现事故声音响动和红灯闪光信号。

分析：

（1）修试人员判断为谢张2开关机构内部的辅助接点不到位，经对机构内传动部分认真检查，发现辅助接点合闸后不切换。修试人员延长了拉杆距离后恢复了正常。

（2）开关合闸后出现异常信号，值班人员误以为不能合闸而将开关断开，延长了送电时间。

教训及防范措施：

（1）辅助接点的调试质量不高是这次事故的主要原因，检修时应着重对辅助接点进行调试，达不到要求的一律更换。

（2）辅助接点是检修班专业和保护专业维修范围的结合部，明确维修范围的结合部责任，规定辅助接点的调试归为保护专业。

（3）对于双回路供电的变电站，当一条电源回路因故退出运行，需要合另一电源回路开关时，如果开关能够合闸但在合闸位置出现异常信号，值班人员不应断开开关，使变电站失去电源，而应向上级汇报，等待处理。

思考题

1. 对变电设备进行巡视时应该注意什么？
2. 主变压器检修工作的内容是什么？
3. 110 kV架空线路大修和小修的具体内容是什么？

项目四

接触网运行检修规程

学习目的与要求

能严格执行接触网运行检修管理规定，会对接触网进行动态和静态的检测。

课题一 运行管理规定

接触网是轨道交通重要行车设备，应保证接触网运行安全可靠。接触网的维护检修应实行"预防为主，修养并重"的方针，按照"定期监测，周期检修"的原则，积极采用先进的检测手段，不断提升接触网的运行品质和安全可靠度。

一、运行检修管理组织及有关人员职责

（1）供电机电中心负责贯彻执行上级的有关规章、制度和标准，适时补充与制定接触网相关的技术标准、管理标准和工作标准。

（2）供电车间负责编制接触网年度检修计划并负责组织实施、做好日常运行检修工作。供电车间应定期检查分析接触网设备运行状态，组织检查设备检修质量，确保接触网设备的安全可靠。

（3）供电车间设接触网工班，接触网工班应经常组织员工学习本标准，并做好接触网设备的日常运行检修工作。

（4）供电车间主任是接触网设备运行检修的第一负责人，接触网工班工长为接触网设备运行检修的现场第一负责人，领导班组及时完成接触网各项运行检修任务，接触网工班副工长协助工长完成接触网运行检修任务。

（5）供电车间生产调度负责接触网生产调度工作，接触网工班运行检修人员实行24小时值班制度，任何时候值班人员不少于10人（含驻站接触网工）。接触网工班值班人员要认真填写值班"综合日志"，并及时传达和执行车间生产调度的命令和通知。

（6）接触网工班应配备接触网检修作业车和足够数量的梯车，配有接触网几何参数测量装置，每月应对检修及抢修器材、备品备件组织检查。

（7）接触网工班在进行运行检修工作时应严格执行《接触网安全工作规程》，做好相关记录。

（8）接触网工班在进行运行检修工作前，应组织所有作业人员学习和掌握作业区域内主要设备的技术标准，必要时应在作业过程中携带相关资料。

(9) 在进行以下检修作业前,需提前上报供电车间,并在完成作业后汇报具体情况:
①接触线高度、坡度、拉出值调整量较大,但在安全值以内。
②局部更换接触网汇流排、汇流排终端、刚柔过渡部件。
③变更馈电线截面积或改变馈电线电缆数量。
④改变分段绝缘器型号。
⑤改变接触网定位器安装形式。
⑥其他可能影响接触网安全供电的作业。

二、运行检修管理应配备的文件资料

(1) 接触网工班应配备以下文件资料:
①《接触网安全工作规程》;
②接触网供电示意图;
③接触网竣工平面布置图、安装图、安装曲线图及零部件图;
④接触线磨耗换算表;
⑤接触网设备厂家技术资料及图纸;
⑥接触网设备台账及技术履历;
⑦接触网大修改造、图纸变更相关记录;
⑧接触网工器具、备品备件及耗材台账。
(2) 接触网工班应具有以下巡视、检修记录:
①接触网步行巡视记录;
②接触网梯车巡视记录;
③接触网线岔检修记录;
④接触网分段绝缘器检修记录;
⑤接触网隔离开关检修记录;
⑥接触网锚段关节检修记录;
⑦接触网综合检修记录;
⑧接触网刚柔过渡部件检修记录;
⑨接触网避雷器检修记录;
⑩均、回流箱及单向导通装置检修记录;
⑪接触网动、静态检测记录。

课题二 接触网运行巡视规程

一、巡视

接触网监测分为巡视和检测两种,巡视主要以步行巡视和梯车巡视为主,检查接触网外观、结构变化、外部环境影响等。

1. 步行巡视

(1) 周期:两周一次。遇到大风、大雨、大雪、大雾等恶劣天气时,要适当增加步行巡视的次数。

(2) 巡视内容。

①巡查有无侵入限界，妨碍车辆运行的障碍。

②巡查隧道有无漏水、异物垂落等危及或损伤接触网安全供电和行车安全的现象。

③巡查支柱及基础、悬挂装置、定位装置是否锈蚀。

④巡查分段绝缘器是否倾斜，主绝缘是否有损伤。

⑤巡查隔离开关底座和操作机构底座是否呈水平状态，安装是否牢固，电动操作机构箱是否密封良好，门锁和钥匙是否完好齐全。

⑥检查补偿装置有无损坏，动作是否灵活。

⑦巡查接触网终点标、号码、警示牌等标志的状态。

⑧巡查接地设备、电连接是否完备。

⑨巡查接触网设备是否有缺失。

⑩巡查 35 kV 环网电缆、DC 1 500 V 直流电缆以及控制电缆固定是否良好、有无破损。

⑪巡查绝缘子、避雷器是否污损、闪络。

(3) 其他要求。

①按要求填写巡视记录，刚性/柔性接触网步行巡视记录见表 4-1。

表 4-1 刚性/柔性接触网步行巡视记录

作业区段：　　　　　　作业班组：　　　　　　作业日期：

序号	巡视内容	巡视结果
1	巡查有无侵入限界，妨碍车辆运行的障碍	
2	巡查隧道有无漏水、异物垂落等危及或损伤接触网安全供电和行车安全的现象	
3	巡查悬挂装置是否锈蚀（刚性）	
	巡查支柱及基础、悬挂装置、定位装置是否锈蚀（柔性）	
4	巡查分段绝缘器是否倾斜，主绝缘是否有损伤	
5	巡查隔离开关底座和操作机构底座是否呈水平状态，安装是否牢固，电动操作机构箱是否密封良好，门锁和钥匙是否完好齐全	
6	巡查接触网终点标、号码等标志的状态	
7	巡查接地设备、电连接是否完备	
8	巡查接触网设备是否有缺失	
9	巡查 35 kV 环网电缆、DC 1 500 V 电缆以及控制电缆固定是否良好、有无破损	
10	巡查绝缘子、避雷器是否污损、闪络	

续表

序号	巡视内容	巡视结果
车辆段轨电位装置巡视记录			
名称	当前电流/A	当前电压/V	当日动作次数	动作次数总计
OV1				
OV2				
OV3				
备注（巡视周期为每2周一次）：				

巡视人：　　　　　　施工负责人：　　　　　　　　　工长：

填写要求：巡视结果如果良好，请填写"√"；如果设备存在问题，请填写"×"，并在备注中简单描述存在的问题；如果巡视中没有此项，请填写"/"。

②一周内已经检修过的设备不再另行安排巡视。已经被列入下周检修计划的设备不再安排巡视。

③设备巡视周期超过2天的应书面汇报供电车间接触网工程师。

2. 梯车巡视

（1）周期：每6个月1次。

（2）巡视内容。

①巡查绝缘子和其他绝缘部件的状况是否破损、闪络或偏斜。

②巡查汇流排，不允许有裂纹，不得有扭曲变形，应无明显转折角。

③巡查接触线与汇流排的接合部是否存在腐蚀现象。

④巡查电连接线、接地线，应完整无遗漏，无散股、断股现象。

⑤巡查接触网悬挂、支持定位装置、线岔、锚段关节、分段绝缘器及其零部件的状态是否连接良好，有无烧伤损坏。

⑥检查补偿装置是否良好。

⑦巡查各种线夹是否完好。

⑧巡查承力索、吊弦、架空地线等铜绞线是否有断股、散股。

⑨巡查接触线是否有磨损严重及严重烧伤的现象。

⑩巡查隧道埋入件是否松动，附近隧道壁是否有渗水及裂纹。

⑪巡查刚柔过渡部件状态是否良好，是否有明显硬点。

⑫均、回流箱及单项道导通装置螺栓是否锈蚀，电缆是否完好。

（3）其他要求：按要求填写巡视记录。刚性/柔性接触网梯车巡视记录见表4-2。

表 4-2　刚性/柔性接触网梯车巡视记录

作业区段：　　　　　　作业班组：　　　　　　作业日期：

序号	巡视内容	巡视结果
1	巡查绝缘子和其他绝缘部件的状况是否破损、闪络或偏斜	
2	巡查汇流排，不允许有裂纹，不得有扭曲变形，应无明显转折角	
3	巡查接触线与汇流排的接合部是否存在腐蚀现象	
4	巡查电连接线、接地线，应完整无遗漏，无散股、断股现象	
5	巡查接触网悬挂、支持定位装置、线岔、锚段关节、分段绝缘器及其零部件的状态是否连接良好，有无烧伤损坏	
6	巡查各种线夹是否完好	
7	巡查承力索、吊弦、架空地线等铜绞线是否有断股、散股	
8	巡查接触线是否有磨损严重及严重烧伤的现象	
9	巡查隧道埋入件是否松动，附近隧道壁是否有渗水及裂纹	
10	巡查刚柔过渡部件状态是否良好，是否有明显硬点	
11	均、回流箱及单向导通装置螺栓是否锈蚀，电缆是否完好	

备注（梯车巡视正线、车辆段均为每半年 1 次）：

巡视人：　　　　　　施工负责人：　　　　　　工长：

填写要求：巡视结果如果良好，请填写"√"；如果设备存在问题，请填写"×"，并在备注中简单描述存在的问题；如果巡视中没有此项，请填写"/"。

二、检测

1. 静态检测

接触网的静态检测要求如下：

（1）静态检测每年进行一次全面测量。

（2）刚性接触网测量拉出值、导高等参数，对不符合标准者进行调整。

（3）柔性接触网测量悬挂点处拉出值、导高及跨中接触线最大偏移值及跨中接触线高度，对不符合标准值者进行调整。

（4）对隧道口处接触线坡度进行测量，对不符合标准值者进行调整。

（5）对于接触网其他设备参数的测量，可根据接触网梯车巡视及检修同步进行。

（6）导线磨耗测量要求：

①每3年进行一次全面测量，包括所有悬挂点处及刚柔过渡处，所有定位线夹、中心锚结线夹、电连接线夹处及两侧及跨距中心处。

②每半年进行一次重点测量，重点测量包括分段绝缘器处、刚柔过渡处、刚性接触网线岔处、刚性接触网锚段关节处。所有柔性接触线中心锚节线夹两侧及其他磨耗异常的导线两侧。

（7）接触网静态检测记录见表4-3。

表4-3 接触网静态检测记录

作业区间：　　　　　　作业班组：　　　　　　作业时间：

定位点号	曲线半径/m	外轨超高/mm	侧面限界/mm	导高/mm		拉出值/mm		备注
				标准	实测	标准值	实测值	

注：遇有柔性接触网锚段关节或线岔双定位时，定位点请重复写2次。即"**号工支"+"**号非支"（工支=水平支接触网；非支=抬高支接触网）。静态测量每年进行1次。

测量人：　　　　　　作业领导人：　　　　　　工长：

2. 动态检测

接触网的动态检测要求如下：

（1）网轨检测车对接触网正线每月检测一次，供电车间应组织专人负责接触网动态检测工作。

（2）网轨检测车必须测量的项目：接触线高度、拉出值、硬点、接触压力及接触网电压。

（3）对网轨检测车测量出的参数，供电车间接触网工程师应及时进行分析处理，数据超过安全值的应在两个工作日内进行静态检测复查。有疑问的数据应于一周内完成静态检测复查。

3. 质量鉴定

（1）供电机电中心每年10月份前组织一次接触网设备秋季鉴定，根据制定的接触网设备秋季鉴定标准，对接触网设备质量进行评定，评定分为良好、合格和不合格。其评定标准如下：

①良好：绝缘部件（含空气间隙）、接触网几何参数和主导电回路等设备状态达到标准值且在规定的误差范围之内者。

②合格：设备状态超过标准值，但在安全值以内者。

③不合格：设备状态超过安全值者。

（2）根据评定的结果计算良好率、不合格率和合格率，其计算公式如下：

①良好率：良好设备数量（换算条公里）×100%/设备总鉴定数量（换算条公里）。

②不合格率：不合格设备数量（换算条公里）×100%/设备总鉴定数量（换算条公里）。

③合格率：1－不合格率。

（3）质量等级的评定按单项设备和整体设备分别进行，柔性接触悬挂和刚性接触悬挂（含附加导线）以条公里为单位；隔离开关、分段绝缘器等关键设备以台（处）为单位。

（4）接触网鉴定总换算条公里数量＝Σ（设备鉴定数量×换算系数）。悬挂和关键设备的换算系数如下所示：

设备	换算系数
柔性接触悬挂（含附加导线）	1.00
刚性接触悬挂（含附加导线）	1.00
分段绝缘器	0.12
线岔	0.12
隔离开关	0.12
刚柔过渡部件	0.12
锚段关节	0.10
绝缘锚段关节	0.15
补偿装置	0.10
避雷器	0.05

（5）接触悬挂以锚段为鉴定单位。若在被鉴定的锚段内有一处不合格，即视为该锚段不合格。

（6）鉴定中发现的设备缺陷，在鉴定期间将缺陷处理者，可按整修后的质量状态进行评定。但是整修后的具体设备仍应记入设备质量履历。

（7）已经封存的设备、本年度新建或已经列入当年大修的项目不进行鉴定，其质量状况可按工程竣工验收的质量评定结果统计。

课题三　接触网检修规程

一、接触网检修

接触网检修分为计划性小修和大修两种。

1．接触网小修

小修即维持性的修理，主要是对接触网进行检测、清扫、紧固、涂油；对超标参数进行调整，对磨损、锈蚀及损坏的设备进行维修、补强或局部更换，以保持接触网的正常供电状态。

接触网小修周期见表4-4。

表4-4　接触网小修周期

序号	项目	周期	备注
1	刚柔过渡、膨胀接头	3个月	含刚柔过渡部件附属零件
2	线岔	6个月	含线岔处的电连接
3	分段绝缘器	6个月	含分段绝缘器处的电连接
4	隔离开关	6个月	含隔离开关处的电连接及上网电缆
5	支持及定位装置	6个月	含汇流排终端、接头、汇流排定位线夹
6	锚段关节	6个月	含锚段关节处的电连接等附属零部件
7	接触悬挂	6个月	含刚性悬挂、柔性悬挂、馈线、电连接及附属零部件
8	中心锚结	6个月	含中心锚结绝缘子及附件
9	下锚补偿装置	6个月	含补偿器、下锚绝缘子及附件
10	支柱及基础	12个月	含软横跨或硬横梁
11	避雷器	12个月	包括引线、接地线，每年进行一次预防性试验
12	架空地线	12个月	含所有附件
13	均、回流箱及单向导通装置	12个月	包括连接电缆及绝缘子
14	绝缘子及其他绝缘部件	12个月	全面清扫
15	接触网其他设施	12个月	含限界门、安全设施、警示标志等

2. 接触网大修

大修即恢复性的彻底修理,主要是对接触网磨损及锈蚀严重超标、供电能力不足的设备进行区域性整体更换,以恢复设备正常工作状态,并通过新技术、新设备的采用,改善接触网技术状态,增强供电能力。

大修周期一般情况下按以下标准执行:

(1) 刚性接触网:20 年。

(2) 柔性接触网:15 年。

设备未到大修年限但按鉴定结果需要提前进行大修,或虽到大修年限但按鉴定结果设备仍然满足安全供电时可以推迟进行大修,缩短或延长大修年限时必须经过分公司批准。

二、检修标准

作业过程中严格按照《接触网安全工作规程》及相关检修标准进行作业,并按要求填写检修记录。

1. 刚柔过渡

(1) 调整刚柔过渡锚段关节处的两支接触线,使在关节中间悬挂点处应等高,转换悬挂点处非工作支不得低于工作支,非工作支比工作支高出 2~3 mm。

(2) 测量非绝缘锚段关节两支悬挂的拉出值,分别为 ±100 mm。两支悬挂的中心线之间距离为 200 mm,允许误差为 ±20 mm。

(3) 测量接触线在终端顺线路方向外露余长,应为 100~150 mm。

(4) 要求刚柔过渡非绝缘锚段关节处柔性悬挂接触线比刚性悬挂接触线高 20~50 mm。

(5) 测量刚性悬挂带电体距柔性悬挂下锚底座、下锚支悬挂接地体距离,应不小于 150 mm。

(6) 接触网刚柔过渡检修记录见表 4-5。

表 4-5　接触网刚柔过渡检修记录

作业区间:　　　　　　作业班组:　　　　　　作业日期:

设备编号	检修项目	检查结果	缺陷情况	处理结果
	整个刚柔过渡区段导线磨耗检查			
	切槽式汇流排外观及弹性检查			
	弹性绝缘子及电连接情况			
	其他部件情况			
备注(每处刚柔过渡装置每次检修填 1 张记录表,该设备检修周期为每年 4 次):				

检修人:　　　　　　施工负责人:　　　　　　工长:

2. 线岔

1）柔性接触网线岔

（1）线岔接触线位置要求：正线接触线要位于侧线接触线的下方，工作支接触线位于非工作支接触线下方，重要的接触线要位于次要的接触线下方，由侧线和侧线组成的线岔，距中心锚结较近的接触线位于下方。

（2）线岔定位支柱首先应采用标准定位，道岔定位柱应位于道岔起点轨缝至线间距 700 mm 的范围内。定位支柱间距误差不超过 1 m，以确保线岔交叉点位置能调整至符合标准值要求。

（3）交叉点位置。

标准值：横向距两线路任一线路中心不大于 350 mm，纵向距道岔定位大于 2.5 m。

安全值：接触线交叉点的垂直投影要在线岔导曲处两内轨相距 630~1 200 mm 的横向中间位置处，偏差不超过 30 mm。

（4）接触线高差。

线岔处两接触线相距 420 mm 处，两接触线等高。当两接触线为工作支时，允许上支接触线略高于下支接触线 10~20 mm；若一支为非工作支时，则非工作支需比工作支抬高 50~100 mm。

（5）限制管要求：柔性接触网系统中，接触线在线岔中的活动间隙为 1~3 mm，限制管要安装牢固，接触线能够自由伸缩无卡滞。

（6）始触区要求：线岔两工作支中任一工作支的垂直投影距另一股道线路中心 450~750 mm 的范围内，不得安装任何线夹。

（7）定位点处工作支拉出值标准定位允许误差为 ±30 mm。

（8）在距离线岔交点 1 500~2 000 mm 处的工作支一侧设置一组电连接。

（9）对称线岔采用与单开线岔相同的标准定位形式，菱形线岔的接触线应相交于线岔对称中心轴上方。

（10）接触网线岔检修记录（柔性）见表 4-6。

表 4-6 接触网线岔检修记录（柔性）

作业区间： 作业班组： 作业时间：

线岔编号	作业项目	定位点拉出值及导高/mm				交叉点位置/mm			两接触线 420 mm 处高差/mm		限制管状态	电连接状态	始触区有无线夹	测量人/记录人	检测日期	工长
		正线支		侧线支		内轨距	横向偏移	误差	非工侧高差	工作侧高差				检修人/施工负责人	检修日期	
		导高	拉出值	导高	拉出值											
	检测													/		
	检修													/		
	检测													/		
	检修													/		

续表

线岔编号	作业项目	定位点拉出值及导高/mm				交叉点位置/mm			两接触线420 mm处高差/mm		限制管状态	电连接状态	始触区有无线夹	测量人/记录人	检测日期	工长
		正线支		侧线支		内轨距	横向偏移	误差	非工侧高差	工作侧高差				检修人/施工负责人	检修日期	
		导高	拉出值	导高	拉出值											
	检测													/		
	检修													/		
	检测													/		
	检修													/		
	检测													/		
	检修													/		
	检测													/		
	检修													/		
	检测													/		
	检修													/		
	检测													/		
	检修													/		
备注（该设备检修周期为：每年2次）：																

2）刚性接触网线岔

（1）刚性接触网在道岔处无交叉，直通线的接触线偏离直通线线路中心不超过100 mm，允许误差为±20 mm。

（2）菱形线岔、无正线组成的线岔，受电弓可能同时接触的两支接触线应等高，允许误差为±3 mm；由正线和侧线组成的线岔，在受电弓始触区，常用线岔（木渎站及钟南街）侧线应比正线抬高1~3 mm，其他线岔侧线应比正线抬高出4~6 mm。在受电弓双向通过时应平滑无撞击及不应出现固定拉弧点。

（3）线岔处电连接线、接地线应完整无遗漏，安装牢固。

（4）接触网线岔检修记录（刚性）见表4-7。

表 4-7 接触网线岔检修记录（刚性）

作业区间：　　　　　　作业班组：　　　　　　作业时间：

刚性接触网线岔两锚段编号	作业项目	线岔各定位点编号	线岔4处定位点基本参数/mm		各定位点两线水平间距/mm	各定位点两线垂直高差/mm	末端接触线抬高/mm	电连接及其他部件状态	作业人员		检测日期/检修日期	工长
			导高	拉出值								
	检测	号码1							测量人			
		号码2										
		号码3							记录人			
		号码4										
	检修	号码1							检修人			
		号码2										
		号码3							施工负责人			
		号码4										
		号码5										
备注（该设备检修周期为每年2次）：												

3. 分段绝缘器

（1）分段绝缘器安装位置应符合设计要求，安装方式和绝缘性能符合产品安装使用说明书要求。

（2）分段绝缘器绝缘部件应无损坏，并保持主绝缘的清洁，整个分段绝缘器主绝缘放电痕迹应不超过有效绝缘长度的20%，主绝缘严重磨损或有贯穿性裂纹时应及时更换。

（3）导流板接触区域剩余可使用材料的厚度应≥3 mm。

（4）导流板与接触线过渡平滑，并平行于轨面，误差为10 mm。分段绝缘器主体应处于线路中心，偏差不大于50 mm，且柔性接触网分段绝缘器上方承力索应与分段绝缘器在同一垂直面上，偏差不得大于30 mm。

（5）扭力扳手紧固接触线处连接螺栓，检查力矩是否符合规定要求。

（6）柔性接触网的分段绝缘器相对于两侧的吊弦（或定位点）具有 5~15 mm 的负弛度。刚性接触网的分段绝缘器不允许造成正弛度。

（7）接触网分段绝缘器检修记录见表4-8。

4. 隔离开关

（1）隔离开关应接触良好，转动灵活，引线总截面与隔离开关的额定电流以及所连接的接触网当量截面相适应，上网电缆不得有接头。

（2）运行中的隔离开关，每年要用 2 500 V 的兆欧表测量1次绝缘电阻，绝缘电阻与最近的测量结果比较，不应有显著降低。

表 4-8 接触网分段绝缘器检修记录

作业区间：　　　作业班组：　　　作业时间：

分段绝缘器编号	主绝缘状态	悬吊绝缘棒情况	导流板磨耗及平滑度		弛度/mm	对线线路中心线偏移/mm	导流板与轨平面是否平行($A \sim H$点高度)/mm								其他零部件状况	测量人/记录人 检修人/施工负责人	检测日期/检修日期	工长
			磨耗情况	平滑度情况			A点	B点	C点	D点	E点	F点	G点	H点	最大高差				
检测																	/		
检修																	/		
检测																	/		
检修																	/		
检测																	/		
检修																	/		

备注（该设备检修周期为每年 2 次）：

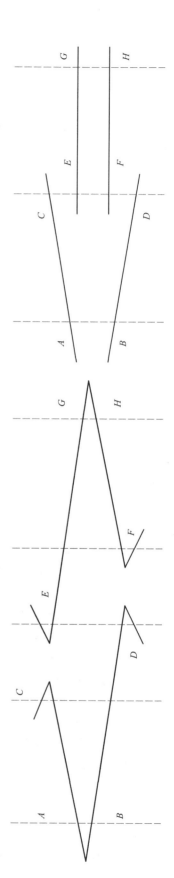

(3) 隔离开关合闸时动、静触头应接触良好，无回弹现象，动、静触头中心合闸偏差不大于 3 mm。

(4) 电动隔离开关的电源和控制回路接线正确，在允许电压波动范围内能正确、可靠动作。有联锁要求的开关，联锁关系正确、可靠，现场手动操作应和遥控电动操作动作一致。

(5) 隔离开关触头带电部分至顶部建筑物的距离不应小于 500 mm，至隧道壁距离不应小于 150 mm。

(6) 隔离开关底座和操作机构底座应呈水平状态，安装牢固。手动操作机构底座安装高度距地面 1 200 mm 为宜。电动操作机构箱应密封良好，门锁和钥匙完好齐全。

(7) 隔离开关中心线应铅垂，传动杆垂直与操作机构轴线一致，偏差不大于 2°，连接应牢固，无松动现象，铰接处活动灵活，并涂有中性凡士林，设备连接端子与隔离开关连接，接触面应涂电力复合脂。

(8) 隔离开关的本体外观应无明显的损坏，绝缘子应完好、清洁，隔离开关引线应安装正确、规整，上网电缆的长度应保证在极限温度条件下还有一定的活动余量并在任何时候不得侵入限界。

(9) 接触网隔离开关检修记录见表 4-9。

表 4-9 接触网隔离开关检修记录

作业区间： 作业班组： 作业时间：

开关编号	动、静触头接触状态	消弧棒间隙	接地闸刀状况	试操作情况		上网电缆情况	绝缘子状态	机构箱及传动装置的状态					检修日期	检修人/施工负责人	工长
				电动	手动			端子紧固	传动机构	锁固情况	清洁情况	润滑情况			
														/	
														/	
														/	
														/	
														/	
														/	
														/	
														/	
备注（设备缺陷及检修后状态描述）：															

5. 支持及定位装置

1）刚性接触网

(1) 埋入杆件的螺纹完好，镀锌层完好，化学锚固螺栓孔填充密实，埋入件不得安装在隧道结构缝或渗水处；螺纹外露部分应涂油防腐，螺栓必须是双螺帽；底座填充密实，表面光洁平整，无裂缝。

（2）支持装置各紧固件齐全，安装稳固可靠，浇注水泥部分不得有松动和辐射性裂纹。

（3）槽钢底座应水平安装，悬吊槽钢、绝缘横撑与安装地点的轨道平面应平行；平直线路上悬垂吊柱及T形头螺栓应铅垂，倾斜度误差一般应不大于1°，但位于坡道上的悬垂吊柱及T形头螺栓在顺线路方向的铅垂度偏差应以汇流排安装在悬挂金具内，能保证汇流排自由伸缩为原则。

（4）减震道床区间和车站结构风管等低净空处采用的硅橡胶绝缘横撑，其金属连接件与芯棒连接应可靠、密封良好，硅橡胶伞裙完整无破损，汇流排定位线夹的U形螺栓距接地体、接地线不得小于规定的数值。

（5）支持结构的带电体距混凝土及金属结构的固定接地体的绝缘距离应符合规定，且刚性悬挂从接触线底面到隧道顶部的安装结构高度不得小于360 mm。

（6）汇流排悬挂定位线夹的材质、规格、尺寸符合设计要求。其表面无裂纹、缺损。紧固件、内衬尼龙垫齐全，无松动，可旋转部位无阻滞现象，并留有因温度变化使汇流排产生位移而需要的间隙。

（7）槽钢底座、悬吊槽钢、绝缘横撑、悬垂吊柱、T形头螺栓等构件无变形，镀锌层完整，应有不少于15 mm的调节余量（净空限制地段除外）；所有外露螺栓长度应保证电气绝缘距离。

（8）绝缘子安装端正，绝缘子瓷釉表面光滑、清洁，无裂纹、缺釉、斑点、气泡等缺陷，瓷釉剥落总面积不大于30 mm^2。

（9）槽钢底座与混凝土的接触面上应涂隧道内防腐漆。T形头螺栓的头部长边应基本垂直于安装槽道方向，螺纹部分应涂油防腐。

2）柔性接触网

（1）简单悬挂的平腕臂要水平安装，其端部允许抬高不超过100 mm，在无偏移温度时应垂直于线路中心，允许偏差不大于计算偏移值的10%。全补偿链形悬挂的腕臂在无偏移温度时应垂直于线路中心线，允许偏差不大于计算偏差值的10%。

（2）棒式绝缘子安装时滴水孔朝下，腕臂的各部件均应组装正确，腕臂上的各部件（不包括定位装置）应与腕臂在同一垂直面内。链接处要转动灵活，腕臂无永久弯曲、变形，顶部非受力部分不小于100 mm，顶端封帽要密封良好。

（3）腕臂底座、拉杆（或压管）底座、定位肩架应与支柱密贴、平整，底座角钢（槽钢）应水平安装，两端高度差不得大于10 mm。

（4）定位器应保证一直处于受拉状态，同时应保证接触线工作面平行于轨面，双承双导定位点处两条接触线相距40 mm，并具有一定的弹性。当温度变化时，接触线能自由伸缩，使受电弓有良好的取流状态。

（5）定位器（管）的型号和安装应符合要求，支持器的方向要安装正确，支持器（支持夹环）处定位管的伸出长度应不大于50 mm。

（6）简单悬挂的定位器在无偏移温度时应垂直于线路；链形悬挂定位管在无偏移温度时应垂直于线路，双接触线两定位线夹在接触线上安装于腕臂正下方两边各100 mm处。温度变化时，定位器在水平方向的偏角应与接触线在定位点的伸缩相适应，其偏角最大不超过180°。

（7）定位环的安装要正确，距腕臂根部的长度不得小于40 mm，定位装置各管口要有管帽，各定位拉线的规格、安装要符合要求。

（8）定位管坡度为 1/10~1/9，定位器坡度为 1/8~1/5。

6．锚段关节

1）刚性接触网

（1）锚段关节处的两支接触线在关节中间悬挂点处应等高，转换悬挂点处非工作支不得低于工作支，可以比工作支高出 1~3 mm。受电弓在双向通过时应平滑无撞击和拉弧现象。

（2）非绝缘锚段关节两支悬挂的拉出值。

标准值：±100 mm，两支悬挂的中心线之间距离为 200 mm，允许误差为 ±20 mm。

安全值：同标准值。

（3）绝缘锚段关节两支悬挂的拉出值。

标准值：±130 mm，两支悬挂的中心线之间距离为 260 mm，允许误差为 ±20 mm。

安全值：同标准值。

（4）接触网锚段关节检修记录（刚性）见表 4-10。

表 4-10 接触网锚段关节检修记录（刚性）

作业区间：　　　　　　作业班组：　　　　　　作业时间：

两锚段编号	作业项目	各定位点编号	关节4处定位点基本参数/mm		各定位点两线水平间距/mm	各定位点两线垂直高差/mm	末端接触线抬高/mm 小里程侧：大里程侧：	电连接及其他部件状态	作业人员	检测日期/检修日期	工长
			导高	拉出值							
	检测	号码1							测量人		
		号码2									
		号码3							记录人		
		号码4									
	检修	号码1							检修人		
		号码2									
		号码3							施工负责人		
		号码4									
	检测	号码1							测量人		
		号码2									
		号码3							记录人		
		号码4									
	检修	号码1							检修人		
		号码2									
		号码3							施工负责人		
		号码4									
备注（该设备检修周期为：每年 2 次）：											

2）柔性接触网

（1）整个锚段关节应无线材破损、断裂、扭绞等明显缺陷。

（2）各线材、绝缘子和零件应完好。

（3）非绝缘锚段关节线夹应牢固可靠，相关螺栓紧固力矩符合要求。

（4）两接触线的拉出值应一致。

（5）检查非工作支承力索的抬高值，锚段关节转换柱、中心柱处两支承力索高度和垂直距离为设计值，允许误差为 ±30 mm。

（6）两支承力索的相互位置符合标准，并满足同一悬挂承力索与接触线在同一垂面上的要求，允许偏差为 ±50 mm。

（7）在两转换柱之间的跨距内检查接触线的高度，保证接触线前 2/3 范围内按设计高度调整，后 1/3 范围直到下锚柱为非工作支，调整为平滑升高。

（8）检查两组接触线的水平间距和垂直间距，非绝缘锚段关节非工作支接触线与工作支接触线水平间距应大于 200 mm，垂直间距应大于 200 mm；绝缘锚段关节非工作支接触线与工作支接触线水平间距大于 400 mm，允许误差 ±30 mm。垂直间距应大于 200 mm，锚支接触线在其垂直投影与线路钢轨交叉处，应高于工作支接触线 300 mm 以上。

（9）绝缘锚段关节要检查电分段绝缘子瓷裙边与工作支之间的高度不小于 150 mm。

（10）检查弹簧补偿装置并进行涂油保养。

（11）最后按照紧固力矩要求紧固各种螺栓。

（12）接触网锚段关节检修记录（柔性）见表 4-11。

7．接触悬挂

1）刚性接触网

（1）接触线拉出值。

标准值：符合设计要求，允许误差为 ±20 mm。

安全值：250 mm。

（2）接触线高度。

标准值：符合设计要求，允许误差为 ±10 mm。

安全值：同标准值，最低高度不小于 4 000 mm。

（3）接触线坡度。

标准值：符合设计要求，允许不大于 1‰，其中变坡段坡度应不超过 0.5‰。

安全值：符合设计要求，允许不大于 2‰，其中变坡段坡度应不超过 1.0‰。

（4）汇流排表面不允许有裂纹，不得有扭曲变形，应无明显转折角，其表面应光洁，无缺损、毛刺、污迹、腐蚀。

（5）汇流排连接件的接触面清洁；汇流排连接缝两端夹持接触线的齿槽连接处平顺光滑，不平顺度不大于 0.3 mm。汇流排连接端缝平均宽度不宜大于 1 mm；紧固件齐全，螺栓紧固力矩符合要求。

（6）接触线应可靠嵌入汇流排内。自然状态下汇流排线槽的最大宽度不能大于 6.9 mm。接触线与汇流排的接触面应均匀涂有薄层电力复合脂，在一个锚段内应无接头、无硬弯。

表 4-11 接触网锚段关节检修记录（柔性）

作业区间：　　　　　　作业班组：　　　　　　作业时间：

锚段关节支柱号	作业项目	两工作支接触线参数				转换柱两接触线水平距离/mm				转换柱两接触线垂直距离/mm				钢轨处非工作支抬高	电连接及其他部件状态	测量人/记录人	检测日期	检修人/施工负责人	检修日期	工长
		转换柱1 支柱号：		转换柱2 支柱号：		转换柱1 支柱号：		转换柱2 支柱号：		转换柱1 支柱号：		转换柱2 支柱号：								
		导高	拉出值	导高	拉出值	标准值	实测值	标准值	实测值	标准值	实测值	标准值	实测值	上行侧 下行侧						
	检测																			
	检修																			
	检测																			
	检修																			

备注（该设备检修周期为每年2次）：

该表每页填写2个柔性接触网锚段关节的数据，锚段关节支柱号该关节两下锚柱（如 52# -62#）之间的支柱号码。

（7）接触线在锚段末端汇流排外余长为 100~150 mm，沿汇流排终端方向顺延，其对接地体的距离应符合规定。

（8）接触线的磨耗要均匀，其最大磨耗量控制在汇流排不能直接与碳滑板摩擦。刚性接触网接触线局部磨耗超过 50% 时应按大修进行整锚段换线。

（9）防护罩安装要牢靠、稳定，不能有变形和严重老化现象。

2）柔性接触网

（1）接触线拉出值（工作支）。

标准值：符合设计要求，允许误差为 ±30 mm。

安全值：直线段接触线偏离受电弓中心不大于 280 mm，曲线段接触线偏离受电弓中心不大于 320 mm。

（2）接触线高度（工作支）。

标准值：符合设计要求，允许误差为 ±30 mm。

安全值：符合设计要求，允许误差为 ±50 mm，最低高度不小于 4 000 mm，最高不大于 5 900 mm。

（3）接触线坡度（工作支）。

标准值：符合设计要求，允许不大于 3‰。

安全值：符合设计要求，允许不大于 5‰。

承力索 19 股中断 1 股或 2 股，将断股头挫平后用同材质线绑扎；承力索 19 股中断 3 股及以上时截断重接。

（4）对磨耗异常的接触线应及时按表 4-12 要求进行处理。

表 4-12 接触线异常情况处理

磨耗形式	磨耗比例	补修方法
局部磨耗和损伤	30% 以内	当允许通过的电流不能满足要求时加补强线
	30%~40%	加补强线
	40% 以上	更换或切断后做接头
平均磨耗	25%	整个锚段更换

（5）承力索和接触线的张力和弛度应符合安装曲线的数值，弛度误差不大于下列数值：
①简单悬挂为 15%。
②全补偿链形悬挂为 10%。
③当弛度误差不足 15 mm 者按 15 mm 计算。

（6）双接触线的链形悬挂两接触线之间的水平间隙为 40 mm，其所在的平面要与轨平面平行，以保证受电弓良好地取流和接触线均匀磨耗。

（7）接触线的接头以及分段绝缘器与接触线之间的过渡要保证受电弓平滑通过。

（8）一个锚段内接触线接头和补强段的总数以及承力索接头、补强、断股的总数均不得超过下列规定（不包括分段、下锚接头）：

标准值：无接头和补强。

安全值：接头、补强数目锚段长度在 800 m 及以下时为 4 个，锚段长度超过 800 m 时为 6 个。

（9）吊弦及吊索。

①吊弦间距 8～12 m，需布置均匀。

②吊弦长度要能适应在极限温度范围内接触线的伸缩量和弛度变化，在无偏移温度时应保持铅垂状态。

③简单悬挂的吊索用 35 mm² 的软铜绞线制成，吊索回头不小于 50 mm，吊索压箍压接良好。

④简单悬挂的吊索安装应符合设计要求，吊弦锈蚀、磨损、断股必须进行更换。

⑤吊弦线夹安装严禁有松动、偏斜、打碰弓现象，所有吊弦线夹安装要正确、紧固，接触线吊弦线夹不得沿接触线滑动。

（10）软横跨相关规定。

①软横跨横向承力索、上下部固定绳均不得有接头、断股和补强。

②双横承力索的张力应相等，上下部固定绳应水平，允许有平滑的负弛度，5 股道及以下负弛度不得超过 100 mm，5 股道以上不得超过 200 mm。

③软横跨横向承力索在最大弛度处距上部固定绳的距离为链形悬挂不大于 700 mm，简单悬挂不大于 1 500 mm。

④软横跨吊线和悬吊滑轮应保持铅垂状态，悬吊滑轮中线索不得有卡滞现象。

8. 中心锚结

1）刚性接触网

（1）中心锚结应处于汇流排中心线的正上方，基座中心偏离汇流排中心不大于 ±30 mm。

（2）中心锚结绝缘子表面应无损伤，接地端至带电体到汇流排的距离应不小于规定值。中心锚结线夹处接触线的工作应平顺无负弛度。

（3）中心锚结绝缘子及拉杆受力均衡适度，与汇流排的夹角不大于 45°；中心锚结与汇流排固定牢固，螺栓紧固力矩符合设计要求，调整螺栓处于可调状态。

2）柔性接触网

（1）承力索中心锚结绳要求：

①中心锚结绳范围内承力索不得有接头和补强。

②中心锚结绳的弛度应等于或略高于该处承力索的弛度。

③中心锚结绳位置、中心锚结绳与承力索、悬挂点固定线夹的设置和间距符合安装图纸的要求。

（2）接触线中心锚结绳要求：

①中心锚结绳所在的跨距内接触线不得有接头和补强。

②中心锚结绳范围内不得安装吊弦和电联结器。

③中心锚结绳不应松弛，不得触及弹性吊弦辅助绳，两边的长度和张力力求相等。

④中心锚结绳两端与承力索固定线夹的设置和间距符合安装图纸要求。

⑤中心锚结绳每侧长度不下于中心锚结线夹处承力索与接触线间距的 10 倍。

（3）中心锚结线夹要求：

①中心锚结线夹应安装牢固，在直线上应保持铅垂状态，在曲线上应与接触线的倾斜度一致。

②中心锚结线夹处的接触线高度比两侧吊弦点高出 30～50 mm，线夹不要有偏斜。

9. 下锚补偿装置

（1）渐开线轮无铸造缺损，表面应光滑、无毛刺及残渣。

（2）补偿器（本体）的焊接无裂纹、气孔、夹杂等缺陷。

（3）钢丝绳捻制均匀，无扭曲、松弛、错乱交叉及断丝现象，并按力矩要求紧固螺栓。

（4）检查补偿器上的铭牌是否与当地、当时的温度相对应，或测量补偿绳伸缩长度 a 值是否与安装曲线一致。

10. 支柱及基础

（1）支柱、软横跨柱、硬横梁的限界位置应符合竣工平面图纸规定，线路两侧软横跨柱、硬横梁的基础中心连线应垂直于正线，无正线时应垂直于主要线路，软横跨基础允许偏差不大于3°、硬横梁基础不大于2°。

（2）拉线基础位置应符合竣工图纸规定，拉线基础宜设在下锚支的延长线上，误差小于100 mm，在任何情况下，拉线各部分不得侵入基本建筑限界。

（3）锚板拉杆与地面夹角应为45°，特殊困难地区不大于60°。

（4）基础外露部分表面平整，无蜂窝、麻面和露筋等现象，棱角完整，螺栓、螺纹完好，并涂油保护。

（5）支柱侧面限界应符合要求，允许误差向线路内侧不大于60 mm，向线路外侧不大于100 mm，在任何情况下，严禁侵入建筑限界。

（6）单钢柱倾斜标准：

①顺线路方向应中心直立，允许误差不大于支柱高度的0.5%。

②有单方向拉线的支柱允许向拉线方倾斜0～50 mm，不允许向受力方向倾斜。

③安装补偿器的锚柱，受力后中心直立，以利于调整。

④垂直线路方向，曲线外侧和直线上的支柱允许外倾支柱高度的0.5%，曲线内侧的支柱应向受力的反方向倾斜不大于支柱高度的0.5%。有拉线的支柱允许向拉线侧倾斜0～50 mm。

（7）软横跨支柱倾斜标准：

①顺线路方向应直立，允许误差为支柱高度的0.5%。

②垂直线路方向，允许向受力的反方向倾斜柱高的0.5%～1%，不得向受力方向倾斜。

③软横跨两钢柱中心连线应垂直于车站正线，允许偏差不大于3°。

④钢柱表面应光洁，无弯曲、扭转现象，主钢管弯曲不得超过5‰，焊接处符合要求，无裂缝，防腐镀层均匀，无脱落、锈蚀。

⑤钢柱底层钢垫片，每片面积不小于50 mm×100 mm，每片厚度不大于5 mm，片数不大于3片。

（8）门型架倾斜标准：

①梁柱过渡接头必须与门型支柱和门型支架横梁连接牢固。

②门型横梁应平直，横梁中部挠度不应大于横梁长度的0.5%。

③门型支架钢柱，横、顺线路方向均应中心直立，允许偏差不大于支柱高度的0.5%，有拉线的支柱不允许向受力方向倾斜，向拉线方倾斜不大于50 mm。

④焊接处符合要求，防腐镀层均匀，无脱落、锈蚀。

11. 避雷器

（1）运行中的避雷器每年在雷雨季节前做一次预防性试验，绝缘电阻与最近的测量结果比较，不应有显著降低。

（2）引线截面与避雷器额定电流当量截面相适应，引线和螺栓紧固良好。

（3）避雷器的聚合橡胶（或瓷绝缘子）不得有裂纹、破损、老化和放电痕迹。

（4）接地电缆、接地极状态良好，连接牢靠，其接地电阻应不大于 10 Ω。

（5）避雷器引线应与避雷器底座及其他接地部件保持 150 mm 以上间距。

（6）避雷器发生爆炸，其引线不得造成接地短路或侵入受电弓动态包络线。

（7）接触网避雷器检修记录见表 4-13。

表 4-13 接触网避雷器检修记录

作业区间：　　　　　作业班组：　　　　　作业时间：

避雷器编号	型号	外观状况	地线、引线及线夹状况	接线端子及底座状况	绝缘电阻/MΩ	接地电阻数值/Ω	检修日期	检修人	施工负责人	工长
备注（该设备检修周期为每年 1 次）：										

12. 馈线、架空地线及电连接线

（1）调整电连接线及线夹，电连接线的长度应能满足因温度变化使接触悬挂产生伸缩的要求，且不得侵入限界。

（2）架空地线、馈线及电连接线的安装位置，要求在任何情况下均应满足带电距离的要求，应不小于 150 mm。

（3）检查电连接线与接线端子压接情况，电连接线夹与电连接线接触良好，接触面涂电力复合脂，线夹安装应端正牢固，无烧损及过热变色痕迹。接触线电连接线夹在直线处应处于铅垂状态，在曲线处应与接触线的倾斜度一致。电连接线每 3 年打开线夹检查、打磨一次。

（4）检查刚柔过渡的电连接器，电连接线在柔性悬挂承力索上除需用线夹连接外，还需在线夹两端用直径为 1.5 mm 的铜线进行绑扎，绑扎应紧密，绑扎长度为 90~100 mm，电连接线的长度应满足接触悬挂伸缩的要求，且不得侵入限界。

（5）检查电连接电缆在隧道顶部的固定情况，要求固定牢固，转弯自然，隧道顶部固定点距离两端电连接线夹距离应不小于 300 mm。

（6）馈线、架空地线的张力和弛度要符合安装曲线。

（7）馈线、架空地线断股 3 根以内、损伤面积不超过其截面积的 5% 时，可将断股处磨平用同材质的铜线扎紧，当断股超过 3 根、烧伤面积为 5%~20% 时要进补强，当断股、烧损面积超过 20% 时需更换导线或切断做接头。

13. 均、回流箱及单向导通装置

（1）钢轨与回流铜排之间、钢轨与均流铜排之间以及回流排与负极柜之间的连接电缆，截面、数量符合设计规定，连接牢固，接触良好，并有防腐措施。

（2）单向导通装置内隔离开关开合灵活无卡滞，转动部位润滑良好，刀闸、电缆接线端子接触面涂导电膏。

（3）二极管、保护装置、过电压限制装置状态良好。

（4）均、回流箱与钢轨连接电缆及数量应符合规定，进出线电缆接线端子螺栓紧固良好。

（5）均、回流箱及单向导通装置连接电缆不允许有电缆接头。

（6）均、回流箱及单向导通装置检修记录见表 4-14。

表 4-14 均、回流箱及单向导通装置检修记录

作业区间：　　　　　　作业班组：　　　　　　作业时间：

设备类型（均、回流箱或单导）	地点（设备编号）	项目	检查情况	存在的缺陷	处理情况
		与钢轨焊接			
		电缆状况			
		电缆固定			
		底座、接线端子及母排			
		支持绝缘子			
备注（每处设备填 1 张，该设备检修周期为每年 1 次）：					

测量人：　　　　　　作业领导人：　　　　　　工长：

14. 绝缘子及其他绝缘部件

(1) 瓷绝缘子应洁净，瓷体无裂纹、破损、烧伤，瓷釉剥落面积不大于 30 mm^2。

(2) 绝缘子的金属件应无锈蚀。在运输、装卸和安装绝缘子时应避免发生冲撞，不得锤击与瓷体连接的铁帽和金属体，同时也不得对其进行机械加工和热处理。

(3) 合成绝缘子放电痕迹不得超过其有效绝缘长度的 20%。

(4) 绝缘子的泄漏距离不少于 250 mm。

(5) 合成绝缘子护套不得出现裂纹、明显的突起，芯棒与护套及金属附件与芯棒连接界面的密封应良好。

(6) 合成绝缘子金具与护套的间隙扩大时应及时更换。

(7) 对有机绝缘部件实行寿命管理。产品有明确规定的，按出厂规定使用年限执行；没有明确规定的，暂按有效使用寿命不超过 10 年执行。

15. 接触网零部件及其他设施

(1) 接触网零部件外表不得有裂纹、损伤等缺陷，零件螺栓紧固力矩符合标准，螺栓外露部分要涂油防腐（不锈钢螺栓除外）。线索紧固零件在温度变化时不得使线索反复弯曲，以防疲劳。开口销规格、型号符合规定，掰开角度不小于 60°。

(2) 接触网各种调节螺栓螺纹外露 50～100 mm。

(3) 接触网、馈线和架空地线各导线连接部位的机械强度不得低于被连接导线机械强度的 90%。其允许的载流量不小于被连接导线的允许载流量。

(4) 各种绞线接头，终端接头：

①承力索、馈线和架空地线的接头和终端接头型号应与线材一致。终端及接头不得出现滑动现象。承力索终端锚固线夹螺纹外露宽度不大于 9 mm，且防松标识明显。

②硬横梁定位绳的回头用锲形线夹连接固定时，绞线回头外露长度为 100 mm，允许偏差为 ±10 mm，其受力方向要正确。

③接触线接头采用对接接头，要求对接面要密贴，受力后间隙不得超过 1 mm。接头线夹要正直，不得歪斜，紧固螺栓的顺序符合要求。

④接触线终端回头，采用锯齿形锲形线夹连接固定。要求受力方向正确，舌簧锯齿面与接触线接触，回头部分与本线夹角小于 90°，回头外露长度 75 mm，转角处的圆弧与舌簧密贴。

(5) 在车辆段平交道口铁路线路两侧应装设限界门。限界门的装设位置在沿平交道口中心线距最近铁路线路中心一般不小于 3 m 的地方，限界门的宽度不得小于平交道口路面的宽度，限界门的吊板要平齐，吊板下缘距地面的高度为 4.5 m。

(6) 在容易攀登的接触网支柱上应悬挂"高压危险，禁止攀登"的警告牌，在接触网终点非支接触线拉出值 400 mm 处接触线上方应安装接触网终点标。接触网各种标识应进场进行维护检查，确保安装牢固、字迹清楚和不发生遗失。

(7) 膨胀接头检修记录见表 4-15。

16. 接触网动态检测评价

接触线高度、拉出值的评价在上述标准已经确定，现在对硬点、接触压力及接触网电压进行评价。

表 4-15 膨胀接头检修记录

作业区间： 作业班组： 作业时间：

膨胀接头编号		外观状况	导流板磨耗及平滑度		对线路中心线偏移/mm	导流板与轨面平面是否平行（A~H点高度）/mm						汇流排端头间隙	测量人/记录人	检修人/施工负责人	检测日期/检修日期	工长
			磨耗情况	平滑度情况		A点	B点	C点	D点	E点	F点	最大高差				
	检测															
	检修															
	检测															
	检修															
备注：	1. 外观检查：查看有无烧伤，连接部件是否可靠，无散股、断股。 2. 汇流排端头间隙：0 ℃时，间隙 2 200 mm；10 ℃时，间隙 2 100 mm；20 ℃时，间隙 2 000 mm；30 ℃时，间隙 1 900 mm。 3. 该设备检修周期为每年 2 次															

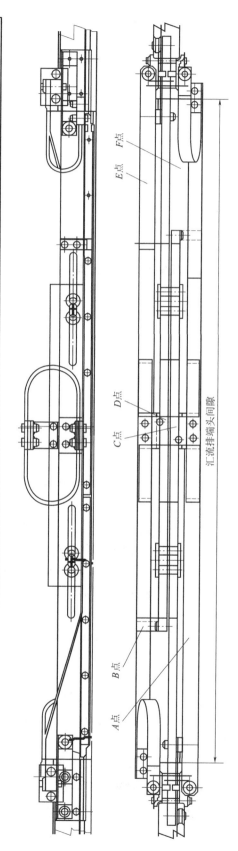

(1)接触线及相关附件对受电弓冲击加速度即硬点指标评价,其评价标准见表4-16。

表4-16 硬点指标评价

项目	标准	安全
冲击加速度	水平<20g,垂直<2g	水平<50g,垂直<4g

(3)接触线及相关附件对受电弓的动态压力即接触线压力评价,其评价标准见表4-17。

表4-17 接触线压力评价

项目	标准	安全
接触线压力 F/N	70~140	40~200

(4)接触网电压评价,其评价标准见表4-18。

表4-18 接触网电压评价

项目	标准	安全
接触网电压 U/V	1 500~1 800	1 100~1 800

【案例一】

某站绝缘子烧伤事故概况

9月1日11时,××工区巡视发现某站75#、63#支柱上硅橡胶绝缘子有烧伤现象,17时40分至19时20分,利用垂直天窗将两处绝缘子更换。其中75#支柱处绝缘子烧损两片,63#锚柱处烧损一片。

原因分析:

(1)材质及其制造工艺方面的原因:该绝缘子在制造和材质方面可能存有缺陷,造成沿面放电而烧伤。

(2)环境原因:××站附近有一家电厂,属于重污染区,粉尘降低了绝缘子的电气强度。

(3)天气原因:当时阴雨天气,雨水和粉尘在绝缘子表面形成了导电层,使绝缘子放电烧伤。

存在问题:

(1)重污区应增加绝缘子清扫次数。

(2)恶劣气候条件下应及时巡视设备。

(3)现场处理时材料、机具短缺。

教训及防范措施:

(1)雨中、雨后应及时对设备巡视检查,确认设备的技术状态。

(2)抢修料具应按定额配备并及时补充。

【案例二】

事故概况

7月14日8时20分，××工区接到工务巡视人员电话通知，某站上行线20#支柱（k110+064）上的避雷器断裂，工区人员到达现场后发现，避雷器炸裂、引线搭接在1#至3#道岔渡线的承力索上，炸裂的避雷器低于导线下方约600 mm，影响电力机车通过Ⅰ、Ⅲ道渡线，9时18分至9时40分将避雷器连同引线一同拆除。不影响电力机车通过Ⅰ道、Ⅱ道正线。

原因分析：
（1）昨夜雷雨时，避雷器遭直击雷。
（2）不排除个体避雷器材质问题。

存在问题教训及防范措施：
（1）严密监视设备的状况，对管内的设备，尤其是避雷器、隔离开关进行一次详细检查。
（2）对设备故障产生的原因进一步分析，结合已往发生的类似避雷器故障进行横向分析，从中找出避雷器发生故障的真正原因，避免同类故障再次发生。
（3）加强事故抢修演练和对突发事件的快速反应能力，检查抢修料具是否齐全和抢修机具的状态，时刻做好抢修准备。
（4）严格工区值班纪律，遇有突发事件能够及时出动，尽最大努力缩短故障持续时间。

【案例三】

定位器因材质问题受力变形事故概况

11月1日9时50分，工务工区人员报告某站14#~15#支柱软横跨Ⅱ道定位器弯曲，××网工区出动抢修。11时50分至12时05分对定位器进行更换。

原因分析：
现场接触网布局合理，11月1日前接触网未受电，排除弓网故障，定位器材质有问题，在受力后变形弯曲。

存在问题：
日常设备巡视不认真，未及时发现问题。

教训及防范措施：
（1）对管内设备进行全面巡视检查，确认技术状态，对可能影响安全运行的隐患及时汇总安排处理。
（2）严格工区值班纪律，配备足够的值班人员，保证事故抢修时人员充足。

【案例四】

××站上行出发场Ⅲ道S189#开关自开事故概况

4月9日10时10分，电调通知××工区，某站上行出发场Ⅲ道接触网没电。
10时15分，××开闭所确认现场开关应在闭合位。

10 时 40 分，现场人员验明Ⅲ道无电。

10 时 44 分，巡视人员现场发现 S189# 开关实际处于打开状态。

11 时 05 分，电调远动控制将 S189# 开关闭合。

11 时 06 分，验电确认Ⅲ道网上恢复带电。

原因分析：

（1）经对××站上行发车场值班人员了解，在 9 日 8 时 45 分该站上行出发车场还发出一趟电力机车，确定上行出发场接触网在该时间前还带电。

（2）值班人员在 10 时 10 分前没有进行任何所内操作。

（3）检查 S189# 开关机构操纵箱锁闭良好，无打开的痕迹，确定 S189# 开关不是在当地操作打开的。

（4）不排除远动误动导致 S189# 开关打开的可能。

存在问题教训及防范措施：

（1）该电动隔离开关可由所内进行远动控制，也可当地操作。但当开关动作后，不能发出音响报警（设计就没有），且该电动隔离开关的操作在微机中不能进行任何记录，需要对设备进行改造。

（2）查找远动误动的原因。

【案例五】

区间 5#~7# 间承力索烧断事故概况

6 月 28 日 16 时 21 分，某变电所 211 断路器跳闸。

16 时 34 分，××供电工区接到某车站值班人员电话，称该站下行线停电。

16 时 50 分工区人员赶到该车站。检查发现甲～乙区间 5#~7# 间承力索因距离跨越施工的电力线距离不够引起放电跳闸，承力索烧断 3 股。施工单位已将电力线拉起后送电成功。

6 月 28 日 21 时 6 分～21 时 50 分，利用垂直天窗将该处承力索切断用双环杆连接后用短接线短接。

原因分析：

施工单位在进行 110 kV 电力线跨越施工时，所搭护网距承力索仅为 500～600 mm，电力线跨越接触网时弛度过大，造成空气安全绝缘距离不够，承力索与电力线间放电，变电所跳闸，所幸未伤及人员。

存在问题：

正式处理，不允许将承力索切断用双环杆连接后用短接线短接。可加补强线或切除损坏部分重新接续，承力索若为钢芯铝绞线或铝包钢线时，其钢芯若断股，必须切断重接。

教训及防范措施：

（1）双方没有施工安全配合协议，擅自施工。任何单位在既有设备上施工，必须与设备管理单位签订施工安全配合协议。

（2）段立即下发"关于加强施工配合的通知"规范管内施工配合工作，施工安全配合协议必须有段技术科出面签订，严格把关，必要时报上一级有关部门批准。

（3）施工方施工方案有漏洞，施工单位搭的跨越接触网防护架，辅助滑竿间距过大，造成电力线在两杆间弛度过大，是造成此次跳闸的主要原因。

（1）接触网检修过程中大修和小修的区别是什么？
（2）接触网质量鉴定的标准是什么？
（3）请描述接触网运行步行巡视和梯车巡视的周期和内容。
（4）简述接触网小修和大修的内容。
（5）简述接触网中心锚结、支柱及基础检修的内容。

项目五

事故处理规程和管理

会根据事故处理规程和规则,及时对变电和接触网事故进行处理。

课题一　供电事故处理规程与规则

一、事故抢修组织

1. 组织机构

当事件发生后,车间抢修、抢险领导小组启动。

组长:抢修负责人(由最先抵达现场的级别最高的人员担当)。

组员:高压供电工程师、接触网工程师、SCADA 工程师、高压维护员。

2. 职责分工

(1)车间主任。

负责组织相关专业工程师、工长及维保单位参与抢修;协调并调用其他部门、车间资源;必要时可直接担任现场抢修负责人。

(2)车间调度。

接受故障信息;发布车间调度级故障序号;将故障信息通报车间负责人、值班工程师、高压综合班组及维保单位。

(3)现场抢修负责人。

向设调、电调报告抢修方案和抢修开始时间;组织请点、销点;按"安全可靠、先通后复"的原则组织抢修,对抢修人员的安全负责;向设调报告抢修情况、设备恢复情况及人员、工器具出清情况。

(4)抢修组组员。

准备相关的抢修工器具、备品备件、物料,并在现场抢修负责人的统一指挥下对故障点进行检查、处理,做好安全互控。抢修组组员由专业技术人员、综合工班人员及维保人员担当。

(5)变电所值守人员、巡检人员。

负责将故障信息准确反映给设调、电调、车间调度,必要时向抢修负责人汇报现场信息；按电调命令进行倒闸等操作；准备抢修工器具、图纸和相关物料；按停电作业的有关规定，采取相应安全措施，办理停送电手续。

二、事故信息流程

1. 信息流程

（1）故障信息收集。

在整个抢修过程中，车间生产调度、抢修负责人应相互保持联系，及时掌握现场抢修信息，同时与设调、电调保持联系。一旦出现设备故障，需及时采取以下措施：

①值守人员迅速将故障信息汇报设调、电调和车间生产调度。值守人员需汇报以下内容：

a. 报告人的部门、姓名、岗位及联络电话号码。

b. 事件发生时间（具体到秒）、地点、在场人员，事件发生时有无人员伤亡。

c. 事件的起因、SCADA 相关信息、现场开关动作情况、保护装置本体动作情况及现场运行情况（包括开关跳闸、自投情况等）。

d. 现场有无异响、异味、放电现象，设备有无着火。

②巡检人员到达现场后立即巡视相关设备，初步判断故障现象及故障原因，将已采取的措施和请求支援事项向设调、电调和车间生产调度汇报，并听从设调、电调的安排。

③车间生产调度通过设调、电调及时了解相关专业的有关信息及影响。

④生产调度及时向故障相邻车站了解设备运行情况及故障有关信息。

（2）故障信息处理。

生产调度得知供电系统发生设备故障时，依据远程监控系统等手段，随时、不间断地对现场设备进行确认，并实时与设调、电调保持联系。车间调度收集到故障信息后通知高压综合班组（含邻近现场的值守、巡检人员），及时向车间主任、专业工程师进行汇报。值守、巡检人员赶往事发现场后应认真确认现场情况，并在第一时间向车间生产调度和设调、电调汇报。

2. 事故处理流程

事故处理流程如图 5-1 所示。

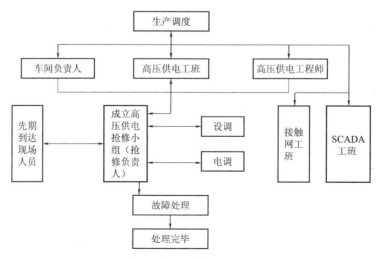

图 5-1 事故处理流程

三、事故应急响应机制

（1）供电车间生产调度在接到高压供电设备故障抢修命令后，应立即响应，通知高压供电工班、车间负责人、专业工程师。

（2）根据需要，车间生产调度联系抢修车辆。

（3）高压供电工班立即成立高压供电应急抢修组，当班的工长首先被定为抢修负责人。

（4）至少两名高压供电巡检员以最快的方式赶赴现场寻找和确认故障信息。

（5）其他高压供电维护员准备相关的抢修工器具、备品备件、安全防护用品。

（6）车间负责人、专业工程师接到故障信息立即赶赴现场指挥抢修工作或协助抢修工作。

（7）抢修负责人、先期到达故障地点的高压供电值班人员或巡检员应向车间生产调度汇报故障信息。

（8）有需要时，由生产调度通知接触网、SCADA综合工班人员配合检查相关设备。

四、注意事项

1. 作业现场的安全要求

（1）做好安全措施，按现场工作需求装设接地线。

（2）在工作区域周围装设安全警示带和悬挂标示牌。

（3）禁止无关人员进入事故现场，并指定安全监控。

（4）必要情况下的现场通风系统良好。

2. 个人的安全要求

（1）必要时需穿好绝缘靴、戴好绝缘手套。

（2）保证与带电体保持规程规定的安全距离。

（3）严格按照安全技术措施进行操作。

（4）劳保着装整齐、符合要求。

（5）如果现场发生 SF_6 气体泄漏，人员需要佩戴好防毒装备。

课题二　变电事故案例

【案例一】

牵混所整流器逆流保护跳闸事故分析

一、设备故障概况

2011年5月5日01：09，电调电话通知供电车间车辆段牵混所值班人员，要求对××客站牵混所 $1^\#$ 整流器逆流保护跳闸动作故障尽快安排抢修。

二、故障原因分析

1. 整流器逆流跳闸的原理

每座牵引变电所内，由整流变压器和整流器组成整流机组。一般采用24脉波地铁牵引整流机组，整流器部分设两台整流器柜，分别为 $1^\#$ 整流器和 $2^\#$ 整流器。每台整流器为12脉波整流，两台整流器并联运行，形成等效 24 脉波整流。每台整流器设有 2 个三相全桥整流电路，每个全桥整流电路分 6 个桥臂，在每一桥臂的交流进线侧各安装有 1 个采集交流电流的电流传感器，整流器正常运行时，从该传感器输出的信号电压为正值，当某一桥臂中有 1 只二极管反向击穿，且在与之串联的快速熔断器未熔断的情况下，将会出现三相交流进线相间短路，从而出现反方向电流，此时该桥臂上的电流传感器会输出一个负电压，当该负电压达到逆流信号检测电路设置的阈值后会触发该桥臂逆流跳闸。

2. 可能触发整流器桥臂逆流保护跳闸的原因分析

（1）某一桥臂二极管反向击穿，而与之串联的快速熔断器未可靠熔断时产生实质的逆流引起逆流跳闸，这是触发整流器逆流保护跳闸的真实原因。若逆流跳闸后检查发现所报某一桥臂确实存在二极管反向击穿现象，则可推断是真正的逆流触发了跳闸回路动作，属正常保护动作。

（2）电流传感器本体故障，使输出的信号极性符合跳闸条件，信号电压达到跳闸阈值而引发跳闸动作。电流传感器本体故障，表示传感器信号输出没有完全反映一次电流的真实值，在输出信号大小和极性都有误的情况下触发逆流跳闸。

（3）电流传感器接线插头质量有缺陷，或插头符合要求而插接不够牢固造成接触不良，使传感器信号输出不稳定，可引起信号检测回路误触发引起跳闸。

（4）PLC 程序执行混乱，将造成 PLC 输出口状态异常，误触发跳闸继电器动作。

3. 在控制信号屏上调取的与本次逆流联调相关的信息

（1）5 月 4 日 23：56：20，1#整流器桥臂 1U6 逆流跳闸动作。

（2）5 月 4 日 23：56：20，106B 1#整流器故障联跳动作。

（3）5 月 4 日 23：56：21，107B 1#整流器故障联跳动作。

（4）5 月 4 日 23：56：21，1#整流器桥臂 1U6 逆流跳闸自动恢复。

（5）5 月 5 日 8：50：30，1#整流器桥臂 1U6 逆流跳闸动作。

（6）5 月 5 日 8：50：33，1#整流器桥臂 1U6 逆流跳闸动作自动复归。

（7）5 月 5 日 9：08：37，1#整流器手动复位信号恢复。

（8）5 月 5 日 9：08：37，1#整流器手动复位信号恢复。

根据以上第（1）和第（4），以及第（5）和第（6）两组信息描述，从第一次逆流跳闸动作到其自动恢复时间间隔为 1 s，相隔近 9 h 后第二次报逆流跳闸动作，恢复时间间隔为 3 s 的现象来看，出现在该桥臂上的逆流跳闸信号属随机事件，表明传感器输出异常波动的可能性极大。

经过现场人员分析研究，决定对故障的 1#整流器进行详细检查。在经电调许可并做好所有安全措施后，打开 1#整流器柜门，现场人员发现 1U6 对应交流进线传感器 1SC6 接线插头插接不牢固，初步判断是由于插头插接问题引起的跳闸，属于以上分析原因的第（3）种。为了进一步确定真正的跳闸原因，又对 1U6 桥臂各二极管和快速熔断器进行了彻底检查，未发现异常，排除了第（1）种可能；经查看整流器柜门液晶显示器，显示正常，表明不存在程序执行混乱的可能性，排除了第（4）种跳闸可能；在排除第（2）种跳闸原因，即传感器本体故障时，因为受现场客观条件所影响，不具备对传感器进行校验的客观条件（需要在传感器所在铜母排上模拟大电流，检测传感器信号输出值的大小和极性是否符合标准）。为了尽快恢复正常供电，供电车间技术人员要求厂家人员对该传感器进行现场更换。

传感器更换完毕后，供电车间技术人员又对该所 1# 和 2# 整流器其余 23 个同功能传感器接线插头状态进行了检查，确定所有传感器接线插头都接触牢固后，通知电调进行试送电。

三、整改措施

（1）进一步完善供电车间抢修预案。
（2）安排专门人员对全线整流器的同类传感器插头插接情况进行全面检查，排除隐患。
（3）对相关工器具、备品备件加快接收进度。
（4）加强对技术和生产岗人员业务能力的培训提升。
（5）建立故障和安全生产台账，组织员工及时学习。

【案例二】

×××牵混所 104B 跳闸事故处理

一、事件经过

2011 年 6 月 12 日 14：54，×××牵混所 104B 速断保护动作，ST2 动力变、802 开关失电，母联 803 自投，三级负荷退出。

值班人员现场巡视设备，发现 ST2 动力变上方通风管处漏水导致跳闸。

供电局对 104B 跳闸进行处理，确认 ST2 动力变故障，对 ST2 动力变故障进行临时处理。退出 ST2 动力变运行，在 ST2 动力变顶部盖上防水塑料纸。

2011 年 6 月 13 日 9：00，相关人员到×××牵混所，对 ST2 动力变检查，发现 ST2 动力变高压侧 B 相、C 相线圈外部绝缘烧黑，部分绝缘碳化，以及高压侧线圈连接杆 B 相、C 相上分别有一个螺栓烧熔。

二、事故处理流程

（1）厂家用酒精擦拭干净 ST2 动力变 B 相、C 相爬电部分。
（2）厂家用刀片刮掉 ST2 动力变高压侧 B 相、C 相碳化部分。
（3）电化局对 ST2 动力变做高压试验，包括绝缘电阻、吸收比、直流电阻、变比试验、交流工频耐压试验。

三、处理结果

（1）ST2 动力变试验正常，只需对高压侧 B 相、C 相补绝缘树脂。
（2）ST2 动力变高压侧外部绝缘部分碳化，需补绝缘树脂，需电气厂家将绝缘树脂邮寄到电化局后，才能对 ST2 动力变进行补树脂。

【案例三】

×××车辆段牵混所 2# 整流器超温跳闸联动 106、107 开关跳闸事故分析

一、事件经过

2011 年 6 月 15 日 15：47：06，车辆段牵混所 2# 整流器超温跳闸信号动作。2011 年 6 月 15 日 15：47：10，106A 断路器分闸，与此同时，107A 断路器分闸。车辆段牵混所值班人员王某听到了所内开关跳闸的声音，随即查看了控制信号盘信息，并与电调电话确认，随后

在设备房现场确认了跳闸设备及开关。值班人员王某当即通知变电生产负责人李某。李某将车辆段牵混所开关跳闸的信息汇报车间生产副主任王某，随后王某同相关人员迅速前往车辆段牵混所事故现场。

到达事故现场后发现 $2^{\#}$ 整流器液晶显示屏上显示"整流器超温 130 ℃跳闸信号输出"，现场 106、107 开关分闸，与控制信号盘后台机信息核对后确定是由于整流器超温跳闸信号输出联动 106、107 开关跳闸。

经现场人员探讨，确定问题出在整流器温控器上，原因是当时 $2^{\#}$ 整流器温控器显示温度为 36.3 ℃，与 $1^{\#}$ 整流器 35.8 ℃基本持平。打开两个整流器柜门，通过触摸隔断玻璃的温度，发现两台整理器隔断玻璃温度相当，于是判定此次跳闸原因是 $2^{\#}$ 整理器温控器误报跳闸信号引起。于是撤除了 $2^{\#}$ 整流器温控器线号为 107、108 的高温报警和超温跳闸两根信号线，根据王主任要求，为了安全起见，又撤除了 $1^{\#}$ 整流器同样的两根信号线。2011 年 6 月 15 日 16：12，电调远方操作恢复送电，送电成功。

二、事件原因分析

1. 整流器超温跳闸回路原理

整流器采用温控器作为设备温度采集的控制器，其前端温度传感器安装在整流器温度最高部分，以此处采集的温度作为设备温度保护的判据。温控器根据前端传感器输出的模拟信号，经模数转换，将温度信号转化为数字量，结合温控器内部逻辑，与设定的高温报警及超温跳闸温度进行比较，当采集到温度值高出高温报警或超温跳闸温度上限时，即从两个开关量输出口输出相应的开关量信号。

这两路开关量信号送入整流器控制器 PLC 输入口，经过 PLC 逻辑判断，从输出口输出至高温报警或超温跳闸继电器，跳闸继电器出口一路接入控制信号盘，一路接入 35 kV GIS 开关柜 106、107 的联跳电路。

2. 本次跳闸原因分析

确定整流器温控器故障的原因有以下几点：

（1）故障设备液晶显示器显示"整流器超温 130 ℃跳闸信号输出"，表明 PLC 程序逻辑未出现混乱，逻辑正常。

（2）两台整流器温控器温度显示持平，表明跳闸的真正原因并非由超温引起跳闸信号输出，必定另有原因。

（3）通过对整流器温度检测到跳闸信号输出的电气原理分析，判定故障出在温控器本身。

三、整改措施

对全线整流器温控器进行摸排，杜绝质量不过关的产品带病运行。

【案例四】

×××牵混所 DC 1 500 V 直流开关柜事故分析

一、事件经过

2011 年 10 月 16 日 4：08，电调远方对 212 开关远方合闸时，合闸不成功，设施部供电车间组织相关人员进行抢修。

4：09，车辆段变电值班人员张某电话通知值班人员艾某赶往现场，确认设备情况。同时通知供电车间副主任王某事故情况，王某等人组成抢修小组，迅速赶往事故现场。

4：15，对站内设备进行基本检查后，立即和电调联系沟通，请求对 212 开关进行故障抢修。

4：20，抢修组人员全部到位，做好安全防措施后，对 212 开关进行检查，经检查确认为 212 小车位置辅助接点接触不到位，影响断路器正常合闸。抢修小组本着"先通后复"的原则，对 212 开关进行了临时处理，同时对 212 开关进行试送，试送成功。

5：00，人员完成出清后，通知电调故障已排除，可以进行送电。

5：06，212 合闸成功，恢复正常供电。

二、故障原因分析

212 上网隔离开关辅助接点变位不正常，导致故障。

三、整改措施

（1）将该行程开关及紧急分闸装置上的行程开关拨片限位器的位置分别进行了调整，使间距增加了 5 mm，确保行程开关可以可靠动作并且不会再发生误动作。

（2）加强设备巡视，保证设备正常运行。

（3）加强对技术和生产岗人员业务能力的培训提升。

（4）建立故障和安全生产台账，组织员工及时学习。

【案例五】

电压波动事件分析

一、事件经过

2011 年 11 月 1 日 13：48，×××主变电站 3519 开关跳闸，同时接维调通知低压配电设备出现异常。

供电车间迅速组织人员对所辖设备进行了巡视检查，正线供电设备正常。与主变电站供电局临管人员联系得知系统电压发生波动，进行检查中发现，110 kV 母联备自投启动（当母线电压低于 30 kV 时母联备自投启动），母联备自投保护装置事件记录显示：

13：48：43：145 时，1100 母联备自投启动；

13：48：43：213 时，1100 母联备自投返回；

13：48：42：520 时，1100 母联备自投启动；

13：48：42：602 时，1100 母联备自投返回。

从报文得知，在 0.1 s 内母联备自投启动 2 次，但均未出口。此次电压波动导致车辆段至××站Ⅰ段线路出现瞬时失压。

二、原因分析

1. 网压波动原因

当配电系统中发生短路故障、雷击、断路器操作、变压器、电容器组的投切以及所带感应电机的启动等事件时，均会引起电压波动。其中，短路故障、雷击和所带感应电机的启动是引起配电网中电压波动的最主要原因。

短路故障引起的电压波动最为严重,也是灵敏设备误动作的主要原因。短路故障发生后,短路点附近节点电压下降,电压波动发生。随着故障消失,短路点附近电压恢复正常,电压波动结束,因而电压波动的持续时间取决于故障清除时间。短路故障引起的电压波动可以分为两类:对称电压波动(三相短路故障引起)和不对称电压波动(单相接地短路、两相短路以及两相短路接地引起)。配电系统中的多数故障为单相接地故障,该故障是产生电压波动的最主要原因。本次电压波动事件是由于供电局配电网中与地铁电源同一母线上的一路馈线出现短路造成。

2. 110 kV 母联备自投启动原因

×××主变电站的 110 kV 母联自投装置启动未动作,由于满足各项启动条件,但备自投从起到到返回时间不到 0.1 s,未达到动作延时(T1 跳 1# 进线 1.2 s,T3 母联合闸 0.3 s),因此未保护未出口。

3. 3519 跳闸原因

3519 开关为 1#SVG 35 kV 进线电源开关,SVG 装置设置有失压保护功能,受此次电压波动影响,接收到失压保护使 3519 开关跳闸。

三、存在的问题及整改措施

(1)需建立并加强与供电局的联系,110 kV 系统故障发生后第一时间掌握故障原因,以利于对故障原因的分析及影响的评估。

(2)供电设备故障发生后,报告流程为由电调通知维调,维调通知供电车间值班点。增加了中间环节,不利于故障信息快速准确地通知到供电车间。因此建议供电设备故障由电调直接通知供电车间。

课题三 接触网事故案例

【案例一】

车辆段接触网 2D3 分区送电故障分析

一、事件经过

2011 年 12 月 13 日,接触网专业进行作业代码为 2B2-13-03 的接触网综合检修。作业内容为车辆段 2113 隔离开关及分段绝缘器检修,作业时间为 9:30—15:30,停电范围为 2D1、2D3。

15:09 接触网专业人员在完成接触网作业后向电调及场调销点,随后信号楼要求电调恢复送电。

15:37 车辆段牵混所值班人员接电调通知 213 开关无法合闸,现场查看故障报文为"213 开关线路测试不通过",值班人员将情况立即报告车间人员。

15:37 供电车间接报后,立即组织接到现场检查。现场根据故障报文判断直流牵引系统可能存在短路点。因此组织接触网人员对 2D3 检修库内接触网、2D3 检修库外至出入段线接触网进行了全面巡视。

15:59 完成巡视，确认接触网无异常。同时车辆段牵混所值班人员对 213 直流开关柜进行了检查，在不带负荷的情况下进行了分合闸测试，未发现设备异常。

16:00，为保证通勤客车的顺利通行，供电车间人员本着"先通后复"的原则，决定先通过 2113 越区隔开将实现 2D1 分区对 2D3 分区的支援供电，待通勤客车通行结束后再对相关设备进一步检查。供电车间人员向电调通知了送电方案。

16:05，电调完成了 2D1 向 2D3 分区的支援供电，车辆段接触网全部正常带电，并向电调及维调分别汇报了恢复情况。

供电车间人员为了保证直流牵引供电系统的可靠，在不影响正常行车的原则下，经相关部门的批准，提报了 18:00 至 20:30 临时补修计划。通过对直流开关设备和接触网的进一步检查，未发现异常。供电车间为了保障车辆段接触网供电的可靠性，决定恢复接触网正常供电模式。

18:34，由电调远程操作，取消了 2D1 对 2D3 分区的支援供电，合上 213 开关，恢复了车辆段接触网的正常供电，经过观察直流牵引系统设备运行稳定。

二、故障原因分析

针对线路测试保护，使用电脑读取了保护装置中关于线路测试的设置及事件记录：

(1) 车辆段 213 开关保护装置中 $U_{flow} = 900$ V；$U_{residue} = 300$ V；

(2) 对多次 213 开关合闸时保护装置采集到的接触网电压值的记录分别为：$U_f = 336$ V；$U_f = 176$ V；$U_f = 320$ V；$U_f = 318$ V；$U_f = 340$ V。

当所测电压大于保护所设接触网残压值 300 V，小于线路最小工作电压 900 V 时，保护不能合闸且自动闭锁。而当小于 300 V 时，开关保护启动测试合线路测试接触器，若测量到的线路电阻 $R \geqslant R_{min}$，则断路器合闸，否则闭锁。

因此，车辆段 213 开关不能正常合闸的原因主要是保护装置所测接触网电压 U_f 大于保护装置中接触网残压的设定值 $U_{residue}$，且小于保护设定的最小工作电压 U_r，保护装置认为接触网存在不正常残压，自动闭锁断路器的合闸。

三、故障处理

对车场内接触网进行检查未发现接触网异常，但在对场内接触网送电过程中，当与 213 开关所带分区相邻或采用分段绝缘器相隔绝的分区送电后，213 开关保护装置会显示其接触网分区存在电压，在 300~378 V 范围内。在确认接触网状态正常后，为保证电客车的正常行驶，将车场内所有直流断路器保护装置中线路测试的接触网残压 $U_{residue}$ 设定值由 300 V 上调到 450 V，躲过目前接触网的实际残压最高值。之后，对车辆段各分区进行送电；各直流开关成功合闸，经对场内接触网及直流开关长期观察，接触网及直流断路器运行状态正常，满足正常使用的要求。

【案例二】

车辆段 2D4 供电分区未验电接挂地线事件分析

一、事件经过

2012 年 4 月 21 日接触网二工班依据机电车间在洗车库更换灯管作业计划，配合进行停电挂地线作业，9：10，接触网二工班员工翟某前往车辆段信号楼配合机电车间进行作业请点，车厂调度于9：40批准接触网专业进行隔离开关倒闸及验电接地。作业负责人张某带领赵某和洪某在洗车库L16道库门西侧隔离开关前进行操作的准备工作，得到停电命令后，作业负责人命令洪某和赵某先将接地线夹接好，洪某接好地线下端后转身在身后去拿验电器，张某打开隔离开关操作箱门，进行隔离开关断电作业。操作人赵某因携带验电器、地线到现场后在原地等待，受到张某"还不抓紧点把地线先连上，马上都到点了"的批评产生紧张情绪，在未接到下一步指令也未验电的情况下，看到地线下部已经接好，就将地线举起进行接挂地线作业，导致地线触及接触网斜吊索，致使斜吊索对地线放电，造成车辆段牵混所214断路器于09：52：42 DDL_ Delta_ I及Imax + +保护动作，断路器跳闸，重合闸成功，未中断接触网正常供电。

本次故障造成车辆段2D4供电分区接触网217号支柱7股斜吊索烧伤2股。事故发生后，设施部组织供电车间提报临时补修计划，于11：58—13：23分对受损斜吊索进行了更换，对其他相关设备进行了检查，确认状态良好。

二、事件原因

造成此次事件的直接原因是在接触网隔离开关倒闸作业未完成情况下，操作人员未按规定验电确认即进行接挂地线作业，造成接触网短路跳闸。

三、存在问题及教训

（1）作业负责人违章指挥，人员安排不当。

作业负责人张某安排未取得接触网接地线资格（应取得二级安全等级）的新员工（安全等级为一级）进行验电接地作业，违反《接触网安全工作规程》第4.3.5条"验电和装设、拆除接地线必须由两人进行：一人操作，一人监护，其安全等级分别不低于二级和三级"的规定。

（2）违章操作，臆测行事。

操作人赵某对作业领导人发布的指令在不清楚的情况下主观臆断，盲目操作，在明知必须验电后才能接地线的情况下，未进行验电即进行接挂地线作业。对作业负责人的违章指挥也未提出任何异议。

（3）作业监护不到位。

作业领导人张某既是隔离开关操作人，又是作业安全监护人，在进行隔离开关操作时失去了对验电接地人员的监护。违反《接触网安全工作规程》第4.3.5条"验电和装设、拆除接地线必须由两人进行：一人操作，一人监护"的规定。

（4）安全预想不足，安全交底不清。

未对作业人员进行必要的安全交底，只是泛泛地说到现场后要注意安全，安全交底没有针对性。

（5）责任意识淡薄，安全监控不力。

车间接触网技术人员兼安全员裴某，当日在工班技术保障。在工班出去作业时，没有对工班的违规安排进行制止，也未到现场进行作业盯控，未起到干部盯控的作用，安全监控流于形式。

四、整改措施

（1）立即将此次事件电话通知设施部各车间，由各车间通知在岗员工，并逐班传达此次事件概况,使所有员工吸取教训,严格标准化作业,确保作业安全。并要求供电车间两日内全员记名学习讨论,并针对此次事件写出自己的认识和吸取的教训与经验。

(2) 对所有未取得上岗证的员工,除跟班培训学习外,严禁进行任何操作作业。

(3) 在设施部开展为期3个月的劳动纪律和作业纪律专项检查整治活动。重点对派工单、工前安全教育交底、技术人员作用发挥、新员工培训、资质及参加作业情况、施工防护、作业请销点、劳保用品穿戴等制度执行情况进行检查整治,在此期间要求供电车间所有停电及动车作业必须有技术人员或管理人员跟岗盯控。

(4) 增加实操培训,提高员工实际操作素质和能力。

【案例三】

××车辆段电客车迫停事件分析

一、事件经过

2011年10月17日14:34,供电车间生产调度石某接车场调度长白某通知"洗车库3道电压不稳定,要求供电车间立即派员抵达现场检查"。供电车间生产调度接此命令后,迅速将此情况汇报车间领导,并通知接触网、高压供电工班当班负责人组织人员出动抢修。

14:40,供电车间主任助理代某带领6名抢修人员抵达现场发现电客车0104停于12#道岔处。现场接触网设备无异常,经现场验电,接触网有电。查看车辆段牵混所1 500 V设备,该馈线电压为1 700 V左右(电压正常)。

15:00,供电车间主任董某抵达现场。

15:20,抢修人员发现12#道岔处缺少1处回流电缆,现场示意图如下:

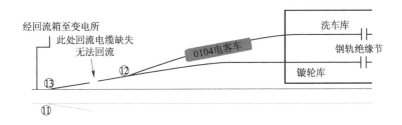

15:55,经供电车间抢修人员采用短接线临时恢复了该回流电缆,线路恢复运行。

18:43,得到场调施工许可后,供电车间配合中铁二局人员将该处缺失的回流电缆进行了焊接。

二、原因分析

××车辆段12#道岔处回流电缆缺失,造成该区域内的牵引供电回流不畅,从而引发电客车仪表显示网压不稳定,辅助逆变器被闭锁,电客车迫停。

该区段接触网于2011年9月16日进行了热滑试验,试验成功。结合现场实际情况初步分析该电缆缺失的原因为:车辆段轨道施工单位中铁一局在更换12#道岔短轨时,未通知供电施工单位及运营单位进行配合,直接将焊接于短轨上的回流电缆进行了拆除,未进行任何恢复。

三、整改和预防措施

（1）认真吸取此事件教训，举一反三，迅速组织车间人员对线均、回流电缆进行拉网式排查，彻底消除此类故障隐患。

（2）防微杜渐，加强日常设备巡视质量，确保新接管设备的安全稳定运行。

（3）加强车间的应急处置流程的日常演练，提高车间应急抢修能力，缩短故障处理时间。

【案例四】

×××站折返线分段绝缘器故障分析

一、故障概况

2014年6月5日，×××折返线D003锚段上的分段绝缘器北侧短滑道消弧棒出现螺栓松动，短滑道消弧棒对车顶绝缘距离不足，发生分段绝缘器对电客车车顶放电故障，×××站211开关报瞬时报警。

二、故障原因分析

根据分段绝缘器的结构，结合分段绝缘器故障现场情况分析，导致分段绝缘器短滑道消弧棒上调整垫片、螺帽缺失，消弧棒对车顶拉弧、放电的原因为：

2014年5月29日，接触网一工班作业时对该处分段进行检修、调整，由于未将短滑道消弧棒固定螺栓调整、安装至中心位置，而对轴式固定螺栓紧固过程中忽视两边用力均衡问题，致使北侧消弧棒固定螺帽外露螺栓长度较小。在受电弓摩擦力、接触网振动运行的工况下，导致短滑道消弧棒的调节垫片松脱，使得短滑道消弧棒垂直轨面方向向下移动，导致消弧棒与车体之间空气间隙不足（不小于100 mm），使得短滑道消弧棒对车顶瞬间拉弧、放电，烧伤车顶。

三、整改措施

（1）供电车间组织技术人员进一步细化，明确接触网各个设备的各项检修工艺标准、参数，通过培训熟悉设备特性，抓好检修细节和重点。

（2）强化、规范工班设备技术台账填写工作。

（3）规范各项作业制度、标准。

（4）对全线分段设备进行全面排查，杜绝该类问题再次发生。

（5）技术人员、工班长参加跟班作业，利用工前会，做好检修工艺讲解、交底工作，跟班过程中对检修重点把控，针对检修工艺、标准、细节进行抽查，确保检修质量。

（6）针对分段绝缘器长、短滑道固定螺母未采用放松螺母，在该次设备大检查、整治过程中，对紧固好的螺母喷涂防松剂。

（7）与设备厂家沟通，研究解决轴式螺栓给接触网设备维护、检修带来的安全隐患问题，并对全线分段绝缘器进行技术改造。

思考题

1. 发生事故后应急响应机制都有哪些？处理事故过程中有哪些注意事项？
2. 给出某一变电事故情况和某一接触网事故情况，分析故障原因并提出整改措施。